Diese Zeichen findest du in deinem Lesebuch:

graue Texte — Texte in dieser Farbe sind zusätzliches Lesefutter.

Wenn du mehr über die Autorin oder den Autor erfahren willst, schlage im Autoren-Lexikon nach.

Wenn dir der Text gefallen hat, lies das Buch.

Überlege, ob du diese Arbeit in deinem Portfolio sammeln willst.

Auf diesen Seiten erklärt dir Quiesel, wie du vorgehst.

Hier kannst du weiterüben.

BAUSTEINE

Lesebuch 2

Erarbeitet von
Regina Eberlein, Wuppertal
Michelle Ferber, Hahnheim
Susan Krull, Hofheim
Ingrid Messelken, Bad Münstereifel

Diesterweg

Inhalt

KV = Kopiervorlage, KV (LT) = Lesekompetenztest | ◎ = Text zum Hören | THL = Trainingsheft Lesekompetenz

So macht es Quiesel

2
Zeile 12,
6. Wort
3
Zeile 33,
3. Wort
6
Überschrift,
2. und 3. Wort
5
Zeile 2,
1. bis
3. Wort

9
Zeile 1, 8.
bis 10. Wort
1
Name
des Kapitels
7
Zeile 2,
5. und 6. Wort
10
Zeile 10,
3. bis 5. Wort
8
Zeile 2,
4. und
5. Wort
Suche die Bilder und
Wörter. Schreibe die
Lösungswörter auf.
4
Zeile 14, 2. Wort

Friedensreich Hundertwasser

Meine Traumschule

In unserem Klassenraum
wachsen Bäume wie im Urwald.
Es gibt auch eine Blumenwiese
mit allen Blumen der Welt.
Aber es darf keine Biene
darin sein.

Johannes

Meine Traumschule steht
auf einer Insel mit vielen Pferden.
Da können die Schüler immer reiten.

Seniha

In meiner Traumschule
ist alles automatisch.
Wenn man auf einen Knopf drückt,
hat man alles gleich gelernt.

Marc

Meine Traumschule
sieht so aus:
Es gibt ein Schwimmbad
auf dem Schulhof.
Eine Riesenrutsche geht
aus unserer Klasse direkt
in das Schwimmbad.

Greta

Dein Schulweg

Dein Schulweg

ist schöner als meiner.

Der kleine Umweg macht mir nichts aus.

Wenn du morgen
auf mich wartest,
gehe ich mit dir.

Manfred Mai

Es ist Pause

Die  rennen auf den Schulhof.

Die  scheint.

Ida und Esra springen  .

David und Seval spielen .

Max und Moritz rennen zur  .

Akim liest ein  .

Boris, Anna und Mehmet laufen auf  .

Carlos und Hanna malen mit  .

Frau Fröhlich und Herr Berger gehen auf und ab.

Sie passen auf.

Auf dem Schulhof

Sie malt.
Sie malt mit Kreide.
Sie malt mit Kreide eine Blume.
Sie malt mit Kreide eine Blume für dich.

Du gehst.
Du gehst in die Pause.
Du gehst in die Pause und spielst.
Du gehst in die Pause und spielst mit.
Du gehst in die Pause und spielst mit deinen Freunden.

Ich esse.
Ich esse mein Pausenbrot.
Ich esse mein Pausenbrot mit Butter.
Ich esse mein Pausenbrot mit Butter und Käse.
Ich esse mein Pausenbrot mit Butter und Käse auf.
Ich esse mein Pausenbrot mit Butter und Käse auf der Bank.

Wir …

Wortspiele

Pausen
Pausenklingel
Pausenklingelton
ENDLICH

Schulpausenhof
Pausenhof
Schule
Schulhof
Schulhofpause

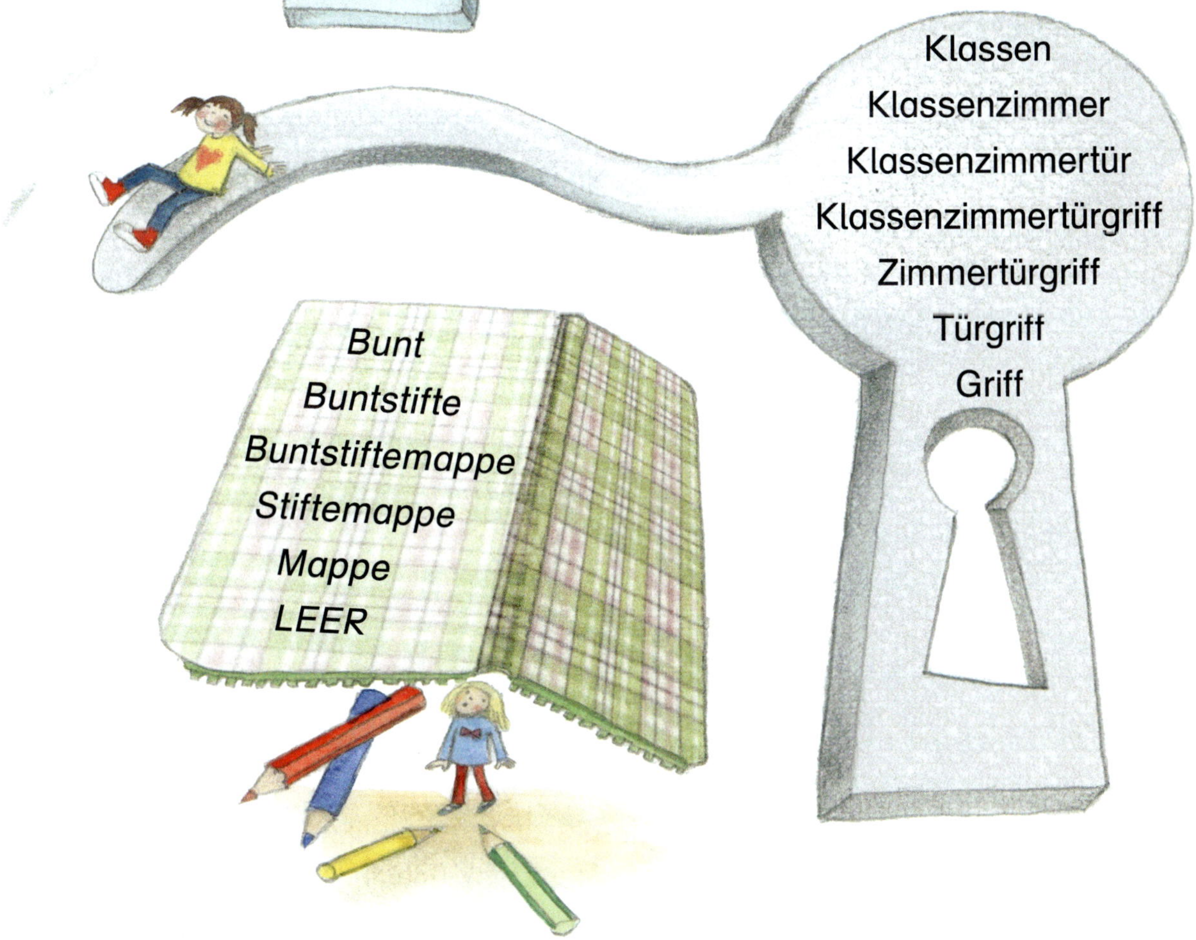
Klassen
Klassenzimmer
Klassenzimmertür
Klassenzimmertürgriff
Zimmertürgriff
Türgriff
Griff
Bunt
Buntstifte
Buntstiftemappe
Stiftemappe
Mappe
LEER

Schulwitze

Mutter: „Worüber habt ihr heute in der Schule gesprochen?“
Ben: „Über die Entfernung des Mondes.“
Mutter: „Aha. Und wie entfernt man ihn?“

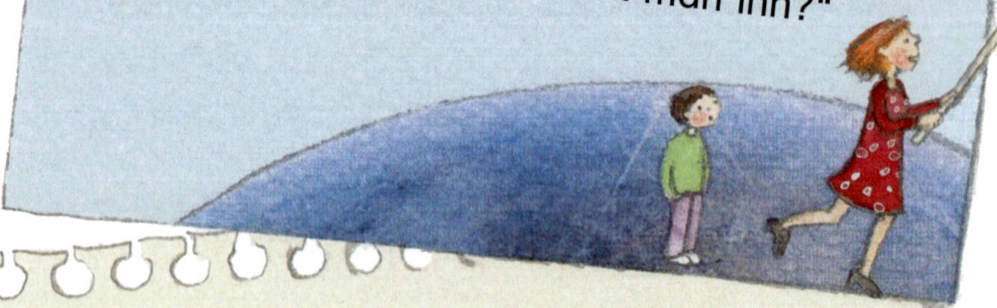

Mira: „Ich habe meine Hausaufgaben doch gemacht. Ich habe sie nur nicht aufgeschrieben.“

Kim: „Schnell, Papa. Wir müssen abhauen. Ich hab eben meinen Lehrer getroffen!“
Papa: „Na und?“
Kim: „Und zwar mit einem Schneeball mitten ins Gesicht.“

Bevor die Lehrerin kommt

Anne boxt Christian.

Dieser ergreift Friedrichs gelben Hosenträger.

Inga jagt Klaus.

Lara meckert natürlich.

Oliver Pullmann quält Rudi Sopper.

Theo Unterbricht voller Wut.

Xaver Yakobi zetert.

Paul Maar

Seite 197

Wunsch-Stundenplan von Xaver

	Montag	Dienstag	Mittwoch	Donnerstag	Freitag
1.	DVD gucken	Werken	Ausschlafen	Spiele spielen	Schwimmen
2.	DVD gucken	Werken	Ausschlafen	Lesen	Schwimmen
3.	Inliner	Maschinen	Inliner	Computer	CD hören
4.	Experimentieren	Musik	Inliner	Musik	Fußball
5.	Reiten	Baumhaus	Radfahren	Radfahren	Fußball
6.	Reiten	Baumhaus	Computer	Radfahren	Computer

Der erste Schultag

Ich heiße Ella. Ich gehe in die zweite Klasse, so wie alle meine Freunde. Auch unser Lehrer ist noch dabei und Pekka, der immer seltsame Fragen stellt. „Bekommen wir wenigstens Geld dafür, dass wir schon in die zweite Klasse gehen?“, wollte Pekka gleich am ersten Tag wissen.

Wir fanden es alle toll, dass die Schule wieder anfing und wir wieder zusammen waren. Alle hatten in den Ferien spannende Sachen erlebt.

Tiina war im Sommer taub geworden.
Das glaubten wir jedenfalls –
bis die Köchin fragte, wer noch
ein zweites Eis haben will.

Timo hatte sich im Sommer
einen Schnurrbart wachsen lassen.
Das glaubten wir jedenfalls,
bis ihm der Schnurrbart
in den Gemüseeintopf fiel.

Hanna hatte im Sommer
einen echten Diamanten gefunden.
Das glaubten wir jedenfalls,
bis er ihr auf den Boden fiel
und in winzige Stücke zersprang.

In der letzten Stunde am ersten Tag
bekamen wir dann ein neues Schulfach.
Keiner verstand, worum es ging,
aber es war alles unheimlich spannend.

Timo Parvela

Einen Text vorlesen
Seite 172

Sofie will nicht fragen

Als Mutter nach Hause kommt, weint Sofie.
„Was ist denn los?“, fragt Mutter.
Sofie sagt: „Ich weiß nicht, was ich aufhabe.“
„Dann frag doch den Olli.“
„Nein!“, schreit Sofie.
„Der denkt dann, ich bin dumm.“
„Oder frag Katja.“
„Ich bin doch nicht blöd. Die will immer allein lernen.“
„Ganz allein kann man nicht lernen“, sagt Mutter.
Sofie knallt die Tür hinter sich zu.
Aber dann läuft sie doch zu Katja.
Sie fragt: „Was müssen wir lesen?“
„Die Seite fünfzig“, sagt Katja.
Erst liest Katja. Dann liest Sofie.
Sofie liest laut. Katja liest noch lauter.
Es macht Spaß.

Peter Härtling

Einen Text mit verteilten Rollen vorlesen
Seite 174

Wahre Freunde

Was ist hier los?

Der hat meinen Schulranzen weggeworfen!
Der hat meine Mütze geklaut!
Der hat mir sein Butterbrot ins Gesicht gedrückt!
Aber der hat seinen Popel an meine Jacke geschmiert!
Zuerst hat der seinen Popel an meine Hose geschmiert!
Nein, du hast zuerst …!
Überhaupt hast du meine Schwester gehauen!
Du hast gar keine Schwester!
Du lügst!
Du lügst!
Idiot!
Doofmann!
Aber du hast doch …, oder?
Hab ich nicht …!
Sag mal, woll'n wir Ball spielen?
Klar!

Wahre Freunde streiten nie!
Oder?

Manuela Olten

Mareike und die Superkräfte

Mareike war in der Schule. In der Pause traf sie Louis, der so tat, als wäre sie Luft. Mareike wurde wütend. Sie spürte, dass sie Angst vor Louis hatte, aber sie wollte keine Angst haben.

Mareike erzählte Paul von der Louis-Bande. Paul überlegte. Er wollte Mareike helfen, wusste aber nicht wie, denn mit der Louis-Bande war nicht zu spaßen.

Mareike dachte an ihren Traum zurück. Vielleicht hatte ihr Supermann ja wirklich seine Superkräfte geschenkt. Vielleicht war es ja nicht nur ein Traum gewesen.

Die Pausenklingel schreckte sie aus ihren Gedanken. Plötzlich stand Louis neben ihr und flüsterte: „Hast du Geld besorgt? Du weißt, was sonst passiert.“

Der Unterricht begann. Mareike tat so, als würde sie Herrn Bomgartz zuhören, aber in Wirklichkeit dachte sie nur an Louis.

Sie überlegte, ob sie einfach versuchen sollte, nach Hause zu fliegen, dann würde sie Louis gar nicht begegnen.

„Mit meinen Superkräften kann ich doch alles machen“, murmelte sie, beschloss dann aber, zu Fuß nach Hause zu gehen. Sie wollte keine Angst mehr haben.

Von Weitem sah sie die Louis-Bande schon auf der Mauer sitzen. Louis war der Erste, der einfach seine Hand ausstreckte. „Hast du das Geld?“, fragte er. „Hier kommt keiner vorbei, ohne zu zahlen.“ Mareike zog das Futter ihrer leeren Hosentaschen nach außen.

Erwin Grosche

Mareike steckt ganz schön in der Klemme. Wie es weitergeht, steht in dem Buch **Achtung, Wutüberfall!**

Franz Marc

Reimreise

Der Himmel ist blau,
sagte der Pfau.

Zeit zu verreisen,
sagten die Meisen.

Ja, mit der Bahn,
sagte der Hahn.

Oder wir fliegen,
sagten die Ziegen.

Nach Amsterdam,
sagte das Lamm.

Wo soll das sein,
fragte das Schwein.

Da, um die Ecke,
sagte die Schnecke.

Kaum zu glauben,
sagten die Tauben.

Frantz Wittkamp

Horst Hofmanns Hunde

Hundert heimtückische Hunde
heulten heute
hinter Horst Hofmanns Hinterhaus,
heulten hinter Hennen her,
hinter Hasen,
hinter Haselmäusen,
hinter Hamstern.
Höfliche harmlose Hunde
heulen höchstens heimlich.
Horst Hofmanns Hunde hingegen
heulen höllisch.
Horst Hofmanns Hunde
haben höchst hässliche
Heulgewohnheiten!

Paul Maar

Seite 197

Einen Text mit Geräuschen begleiten
Seite 186

Kalter Hund

Das brauchst du:

1 Kastenform
1 großen Gefrierbeutel
150 Gramm Zartbitter-Kuvertüre
450 Gramm Vollmilch-Kuvertüre
150 Gramm Kokosfett
200 Gramm Schlagsahne
2 Päckchen Vanillin-Zucker
250 Gramm Butterkekse

So geht es:

1. Lege die Kastenform mit einem aufgeschnittenen Gefrierbeutel aus.
2. Schneide die Kuvertüren und das Kokosfett klein. Schmelze alles zusammen mit der Sahne in einem Topf. Verrühre die Masse gut. Gib dann den Vanillin-Zucker dazu.
3. Lege eine Schicht Butterkekse in die Kastenform.
4. Verteile die Schokoladencreme so auf den Keksen, dass sie bedeckt sind. Schichte abwechselnd Schokoladencreme und Kekse in die Kastenform.
5. Stelle die Form etwa fünf Stunden in den Kühlschrank, damit die Schokoladencreme fest wird.
6. Löse den *Kalten Hund* aus der Form und stürze ihn vorsichtig auf eine Platte.

Lieblingstiere

Steckbrief

Tierart: Kaninchen

Größe: 30 bis 45 Zentimeter lang
und 15 bis etwa 20 Zentimeter hoch

Gewicht: ein bis drei Kilogramm schwer

Aussehen: fünf bis sieben Zentimeter lange Ohren,
Fellfarbe von weiß über beige, braun,
grau und schwarz
Schwanz in Form einer Quaste, unten hell gefärbt

Alter: Sie werden bis etwa zehn Jahre alt.

Lebensraum: Wälder, Parks, Felder und Gärten

Nahrung: Heu, Kräuter, Wurzeln, Gemüse, Pilze
und frisches Wasser

Besonderheit: Die Schneidezähne wachsen lebenslang nach.

Tipp:
Möchtest du Kaninchen als Haustiere haben, solltest du zwei Tiere halten!

Steckbrief

Tierart: Hund
Größe: ...
Gewicht: ...

Steckbrief

Tierart: Delfin
Größe: ...
Gewicht: ...

Höher, schneller, weiter

Pumas springen aus dem Stand 5,40 Meter hoch. Das ist ungefähr doppelt so hoch wie der Weltrekord im Hochsprung der Männer. Dieser liegt bei 2,45 Metern.

Der schnellste Mensch kann etwa 37 Stundenkilometer laufen. Geparden können ein Tempo von 112 Stundenkilometern erreichen.

Der Rekord im Weitsprung liegt bei knapp neun Metern. Ein Graues Riesenkänguru, das auf der Flucht ist, macht Sprünge bis zu 13 Metern Länge.

nach Veronika Straaß

Du willst noch mehr spannende Dinge erfahren? Lies nach in **Willi wills wissen. Schlaue Tiere!**

Die durstige Krähe

Eine Krähe hatte großen Durst,
doch fand sie nichts zu trinken.
Da entdeckte sie einen Wasserkrug.
Als sie hineinschaute, sah sie,
dass er bis zur Hälfte voll Wasser war.
Sie wollte ihren Schnabel hineintauchen,
doch der Krug war viel zu hoch.
Traurig schaute die Krähe auf das Wasser hinunter.
Wenn doch ihr Schnabel nur länger wäre!
Dann aber fiel ihr etwas ein.
Sie flog davon und kam
mit einem Steinchen im Schnabel zurück.
Sie warf den Stein ins Wasser.
Dann flog sie davon und holte
noch viele andere Steinchen.
Auch diese ließ sie in den Krug fallen.
Als sie nach einer Weile
wieder nach dem Wasser sah,
war es bis an den Rand des Kruges gestiegen.
Nun konnte sie so viel trinken,
wie sie wollte.

nach Rolf Krenzer

Vermuten, worum es in einem Text geht
Seite 178

Flosse, Fell und Federbett

Kannst du abends gar nicht schlafen
und die Sache mit den Schafen
funktioniert nicht mehr bei dir ...
... dann probier ein andres Tier!

Eins mit Borsten oder Feder
oder Schuppen oder Leder.
Ohne Zählen kannst du wählen
zwischen Flosse, Flügel, Fell ...
... entscheide schnell!

Du kannst mit Hummeln schummeln
oder mit Hummern schlummern.
Mit Schaben traben, mit Hasen rasen,
mit Mopsen hopsen, mit Kröten flöten.

Du könntest mit Meisen verreisen
oder mit Ziegen fliegen.

Wollen wir mit Eulen heulen bis früh um acht?
Oder lieber nicht? Dann lösch das Licht!
Gute Nacht!

Nadia Budde

Seite 194

Frösche auf der Klemme

Das brauchst du für vier Frosch-Klemmen:

4 Wäscheklammern
4 Pflaumenkerne
8 getrocknete Erbsen
Papier und Schere
Tuschkasten und Pinsel
Bastelkleber

Male mit Tusche und Pinsel vier hellgrüne Kreise auf das Papier.

Sobald die Farbe trocken ist, schneide die Kreise aus und eine kleine Einbuchtung hinein.

Umrande die Schnipsel mit dunkelgrüner Farbe.

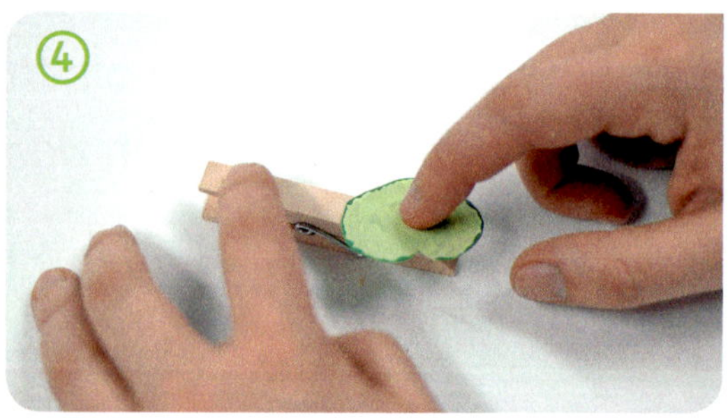

Dann klebst du je eines dieser Blätter auf das untere Ende jeder Wäscheklammer.

Male nun die vier Kerne dunkelgrün an und lasse die Farbe trocknen. Klebe je einen Kern mittig auf ein Blatt.

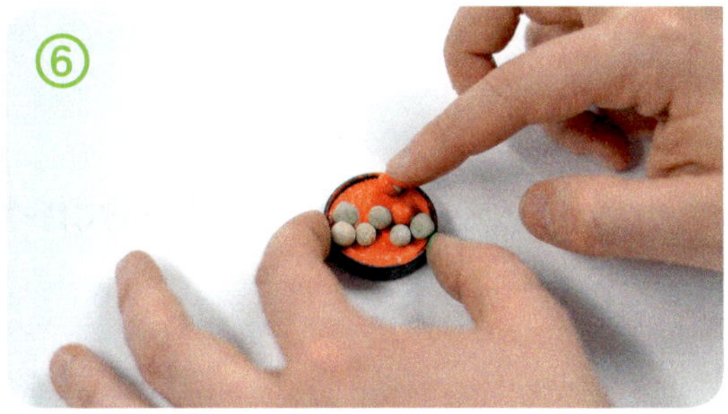

Rühre das Orange aus deinem Tuschkasten mit etwas Wasser an und wälze dann die Erbsen darin.

Trage zwei Punkte Klebstoff auf den Kern auf und warte ein wenig, bis sie schon leicht fest werden.

Schließlich drückst du eine Erbse auf jeden Klebepunkt und malst diesen Froschaugen schwarze Pupillen.

Mehr spannende Basteltipps und Geschichten stehen in der Zeitschrift **GEOmini.**

Die Mücke

Iiiiiiiiiiiiiiii
Ich liege im Bett.
Iiiiiiiiiiiiiiii
Eine Mücke summt.
Iiiiiiiiiii
Mücke, sei nett!
Iiiiiiiiiiiiiiii
Mücke, flieg weg!

Du willst mich wohl stechen,
du durstiges Biest!
Ich weiß, wie das
bei euch Mücken so ist!
Hör mich an, liebe Mücke:
Lässt du mich in Ruh,
so schwöre ich,
dass ich dir auch nichts tu!
Iiiiiiiiiiiiiiii
Bitte flieg weg ...
Au!
Patsch! ...
Iiiiiiiiiii
Na warte, du
hinterlistiges Vieh!

Erwin Moser

Tierische Zungenbrecher

Zehn zahme Ziegen zogen
zehn Zentner Zucker zum Zoo.

Wenn Fliegen hinter Fliegen fliegen,
fliegen Fliegen hinter Fliegen her.

Zwischen zwei Zwetschgenzweigen
zwitschern zwei geschwätzige Schwalben.

Der Löwe

Als die Biene zum ersten Mal
einen Löwen brüllen hörte,
da sprach sie zur Henne:
„Der summt aber komisch.“
„Summen ist gut“, fand die Henne.
„Wieso?“, fragte die Biene.
„Er gackert“, antwortete die Henne,
„aber das tut er allerdings komisch.“

Günther Anders

Bär und Biene

„Manchmal“, sagte Biene eines Morgens, als sie sich auf ein Waldveilchen setzte, „manchmal werde ich fleißiges Bienchen genannt.“ Bär saß an einem Baum und rieb sich den Rücken an der Baumrinde.

„Manchmal sagen sie von mir, dass ich so stark bin wie ein Bär“, sagte er. „Trotzdem fühle ich mich ab und zu ganz schlapp. Dann habe ich keine Lust, meine Höhle zu verlassen. Auch nicht, wenn die Sonne auf den Fluss scheint.“

„Ja“, sagte Biene, „und ich bin auch nicht immer fleißig. Manchmal mag ich das Nichtstun und genieße es, gemütlich auf einer Blume zu schaukeln, wie jetzt.“

„Warum sagen die Leute so was über mich?“, fragte der Bär. „Du bist doch ein Bär“, sagte Biene. „Ja“, antwortete er. „Ich bin ein Bär.“ „Manchmal“, fuhr er fort, „manchmal fühle ich mich wie eine Maus, eine ängstliche Maus.“

„Ach ja?“, fragte Biene erstaunt. „Wenn es gewittert“, sagte Bär leise, „dann bin ich eine ängstliche Maus.“ „Das habe ich nicht gewusst“, sagte Biene. Bär malte mit einer Pfote einen Kreis ins Gras.

„Manchmal“, sagte Biene, „manchmal bin ich wie eine Gans, eine dumme Gans.“ „Ach ja?“ Bär starrte Biene erstaunt an. „Wenn es regnet, fliege ich manchmal hinaus. Dann vergesse ich einfach, dass meine Flügel nass werden. Und dann kann ich nicht mehr fliegen.“ Biene summte verlegen.

„Du darfst ruhig manchmal eine dumme Gans sein“, sagte Bär. „Da ist nichts dabei.“

„Danke, Bär“, sagte Biene. „Und du darfst ruhig manchmal eine Maus sein.“ Bär lachte. „Danke, Biene.“

Stijn Moekaars

Mehr von **Bär und Biene** kannst du in diesem Buch lesen.

Keith Haring

Wir zusammen

Ich
Ich halte
Ich halte dich
Ich halte dich fest.

Du
Du darfst
Du darfst nicht
Du darfst nicht loslassen.

Wir
Wir schaffen
Wir schaffen das
Wir schaffen das doch
Wir schaffen das doch gut
Wir schaffen das doch gut – **zusammen**.

Ingrid Messelken

Alles Familie

Die meisten Menschen mögen ihre Familie.
Weil sie sich mit ihr geborgen fühlen und sicher.
Weil sie über ihre Sorgen reden können,
wenn sie welche haben.
Und sie lachen, reden und feiern
gerne mit ihrer Familie.

In jeder Familie gibt es mal Krach.
Dann brüllen sich alle an.
Oder schweigen ganz beleidigt.

Oder sie sagen sich Dinge,
die sie gar nicht so meinen.

Bei einigen Familien sieht man gleich,
dass alle zusammengehören.

Bei anderen nicht.

Alexandra Maxeiner und Anke Kuhl

Willst du noch mehr über Familien wissen? Dann lies das Buch **Alles Familie**.

Die Hempels räumen auf

Bei den Hempels herrscht immer bunte Unordnung. Normalerweise stört das niemanden. Heute wollen sie aber einen Kuchen backen und können den Schneebesen nirgends finden.

„Vielleicht sollten wir einmal aufräumen“, überlegt die Mutter. Den Schneebesen finden die Hempels nicht – dafür aber ein Kopfkissen. Der Vater wundert sich: „Das gehört doch in … … das Schlafzimmer.“

Hier hat offensichtlich ein Wirbelwind getobt. Hüte, Kleider und Schuhe liegen überall verstreut. Ob sich der Schneebesen irgendwo dazwischen versteckt?

Was die Hempels suchen, bleibt leider verschwunden. Stattdessen hat der Jüngste eine Zahnbürste entdeckt. Die Mutter ist verblüfft: „Die Zahnbürste gehört doch …

… ins Badezimmer.“ Den Schneebesen finden sie nicht, dafür aber einen Teddy. Und der Teddy gehört natürlich …

… ins Kinderzimmer. Doch Vater und Mutter Hempel sind jetzt müde. „Ruht euch doch aus“, schlagen die Kinder vor. „Das schaffen wir ganz alleine!“

Ein Freudengeheul weckt die Eltern. „Wir haben den Schneebesen gefunden!“

Voll Eifer helfen alle mit, einen riesigen, köstlichen Schokoladenkuchen zu backen. Den Kuchen haben sie sich wirklich verdient.

Brigitte Luciani

Die Buntstifte

Charles M. Schulz

Ich – Du – Wir? Stimmt das hier?

„Julius, warum weint denn deine kleine Schwester?“
„Weil ich ihr geholfen habe.“
„Was hast du ihr denn geholfen?“
„Die Schokolade zu essen.“

„Jan, ich hab dir doch gesagt,
du sollst aufpassen, wann die Milch überkocht.“
„Hab ich doch. Es war genau fünf vor zwölf.“

Als Mutter nach Hause kommt, fragt sie:
„War in der Zwischenzeit jemand hier?“
„Ja.“
„Wer?“
„Ich.“
„Ich meine, ist jemand gekommen?“
„Ja.“
„Wer?“
„Du.“

Abendlied

Ich zieh mich aus,
ich wasche mich
und schlüpfe in mein Nachthemd rein.

Ich nehme Anlauf,
springe hoch
und plumpse in mein Bett hinein.

Du kommst noch mal,
gibst mir nen Kuss,
sagst: „Gute Nacht, mein Vögelein!“

Ich deck mich zu,
ich strecke mich
und dreh mich um und schlafe ein.

Gleich hab ich einen schönen Traum.
Und der gehört mir ganz allein.

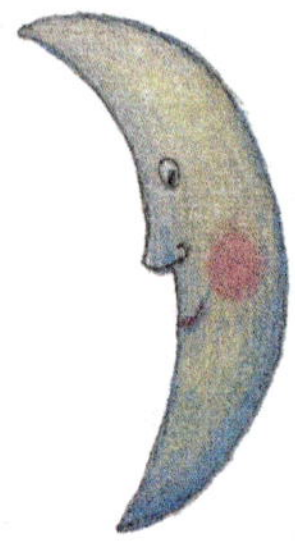

Paul Maar

Seite 197

Wo die wilden Kerle wohnen

Personen: *Vorleser/in, Mutter, Max, wilde Kerle*

Requisiten: *Pappbäume oder Äste (Wald), Tisch mit Kuscheldecke (Bett), Teppichfliese (Schiff), Besenstiel (Paddel), Masken und Kostüme für die Kerle*

Musikinstrumente: *Schlagholz, Trommel, Triangel, Xylofon, Hände und Füße*

1. Szene: Max und Mutter

(Max macht Krach und tobt dazu herum, die Mutter kommt.)

An dem Abend, als Max seinen Wolfspelz trug und nur Unfug im Kopf hatte, schalt seine Mutter ihn: „Wilder Kerl!"
„Ich fress dich auf!", sagte Max,
und da musste er ohne Essen ins Bett.

*(Sprechvers für alle: „Rax, fax, das ist Max.
Seht euch diesen Burschen an, der nur
Unfug machen kann. Rax, fax, das ist Max.")*

2. Szene: Der Wald

Genau in der Nacht wuchs ein Wald in seinem Zimmer, der wuchs und wuchs, bis die Decke voll Laub hing und die Wände so weit wie die ganze Welt waren.

3. Szene: Schifffahrt

Und plötzlich war da ein Meer mit einem Schiff, nur für Max, und er segelte davon *(Max paddelt.)*, Tag und Nacht und wochenlang und fast ein ganzes Jahr, bis zu dem Ort, wo die wilden Kerle wohnen. *(Musik)*

4. Szene: Bei den wilden Kerlen

(Die wilden Kerle toben herum.)

Und als er dort ankam, wo die wilden Kerle
wohnen, brüllten sie ihr fürchterliches Brüllen
und fletschten ihre fürchterlichen Zähne
und rollten ihre fürchterlichen Augen
und zeigten ihre fürchterlichen Krallen,
bis Max sagte: „Seid still!“
und sie zähmte mit seinem Zaubertrick:
(Musik: helle Klänge)
Er starrte in all ihre gelben Augen,
ohne ein einziges Mal zu zwinkern.
Da bekamen sie Angst
und nannten ihn den wildesten Kerl
von allen und machten ihn zum König
aller ganz wilden Kerle.

5. Szene: Krach machen

„Und jetzt!“, rief Max, „machen wir Krach!“
(Musik: Trommeln, Schlaghölzer, Trampeln, Klatschen)
„Schluss jetzt!“, rief Max und schickte die wilden Kerle
ohne Essen ins Bett. *(Die wilden Kerle legen sich schlafen.)*

6. Szene: Max hat Heimweh

Und Max, der König aller wilden Kerle, war einsam
und wollte dort sein, wo ihn jemand am allerliebsten hatte.
Da roch es auf einmal um ihn herum
nach gutem Essen, und das kam
von weither quer durch die Welt.

Da wollte er nicht mehr König sein,
wo die wilden Kerle wohnen.
(Max holt sein Paddel, die wilden Kerle wachen auf.)
Aber die wilden Kerle schrien:
„Geh bitte nicht fort, wir fressen dich auf,
wir haben dich so gern!"
Und Max sagte: „Nein!"

7. Szene: Der Abschied
(Die wilden Kerle toben herum.)
Die wilden Kerle brüllten ihr fürchterliches Brüllen
und fletschten ihre fürchterlichen Zähne
und rollten ihre fürchterlichen Augen
und zeigten ihre fürchterlichen Krallen.
Aber Max stieg in sein Schiff und winkte
zum Abschied.
*(Die wilden Kerle tanzen langsamer
und trauriger.)*

8. Szene: Die Heimkehr
(Max paddelt.)
Und er segelte zurück,
fast ein ganzes Jahr und viele Wochen
und noch einen Tag bis in sein Zimmer,
wo es Nacht war und das Essen
auf ihn wartete – und es war noch warm.
*(Max isst sein Essen.
Musik)*

Maurice Sendak

Ein Buch vorstellen
Seite 184

Was Max sonst noch mit den wilden Kerlen erlebt, kannst du in dem Buch **Wo die wilden Kerle wohnen** nachlesen.

Ich

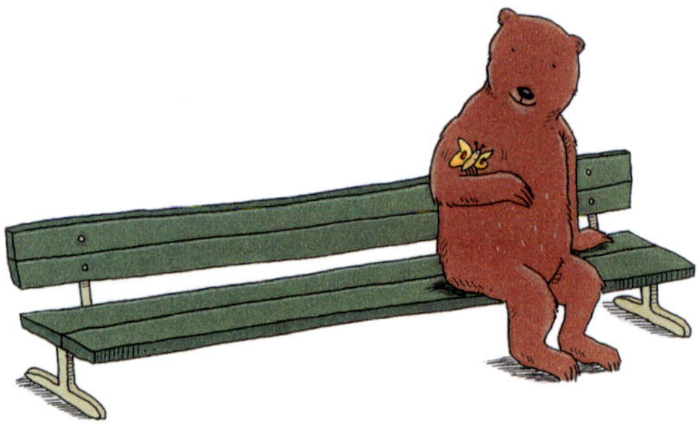

Ich mag mich.
Ich lebe gern
und weiß, was ich will.
Ich gehe meinen Weg.
Ich erfreue mich an den kleinen Dingen des Lebens,

und natürlich an den großen!

Ich bin unglaublich mutig.
Ich habe vor nichts und niemandem Angst.

Fast!

Trotzdem gibt es Tage,
an denen ich mich schrecklich einsam fühle.
Dann mache ich mich auf den Weg und laufe …
… und laufe …
… und laufe zu dir!

Philip Waechter

Die beste Bande der Welt

„Machst'n du da?", fragt Jojo.
Oskar sagt: „Ist geheim."
Jojo macht große Augen.
„Echt? Is'n das Geheime dran?"
„Na, eine Bande eben", sagt Oskar.
„Kann man dazugehören?"
Oskar schüttelt den Kopf.
„Nie im Leben", sagt er.
„Und schon gar nicht ohne Geheimwort."
Jojo nickt. „Und wenn du's mir sagst?"
„Dann gibt es noch immer ein Problem", sagt Oskar.
„Du darfst das Geheimwort nicht vergessen!"
„Ich vergesse es nicht!", ruft Jojo.
Oskar beugt sich zu Jojos Ohr
und sagt leise: „**SARAMIDURAFIDELES.**"
„Hä?", fragt Jojo heiser.
„**SA-RA-MI-DU-RA-FI-DE-LES**", sagt Oskar
noch einmal. „Und jetzt zieh ab!"
„Warte!", ruft Jojo.
„Wo is'n jetzt die geheime Bande?"
Oskar sagt: „Geh nach Sonnenuntergang
der Sandspur nach!
Aber keine Minute früher, verstanden?"
Jojo nickt. „Saramadirufilestes", sagt er
und trollt sich. „Saradimarafindestes ..."

Als die Sonne untergeht, setzt sich Oskar auf seine Reifenschaukel und wartet.

Als Erster kommt Rastamän. Rastamän stellt sich ganz nahe an ihn dran und raunt: „**SILIMADULIFILASTA.**“ Oskar nickt und deutet auf die Bretter in der Astgabel. Rastamän packt den untersten Ast, zieht sich hoch und verschwindet im Kastanienbaum.

In diesem Moment kommt Sindi. Als keiner außer Oskar zu sehen ist, zischt sie: „**SARATAMARALEDISTES.**“ Wieder nickt Oskar und deutet hinauf. Sindi zögert. Da kommt eine Hand aus dem Kastanienbaum. Sindi greift zu, und schon ist sie auch oben.

Dann kommt Jojo. Er macht ganz kleine Schritte, starrt auf die Sandspur und murmelt vor sich hin. „**SARAMADURIFIRENZE. SARAMAFURIDIRENTE. SARAMILAROMARENTES.**“ Oskar deutet in den Kastanienbaum. Vier Beine baumeln herunter. „Wau“, sagt Jojo und reißt die Augen auf. „Echt coole Bande.“

Saskia Hula

Seite 196

Warum will Oskar eine Bande gründen? Das steht in dem Buch **Die beste Bande der Welt**.

Pál Szinyei-Merse

Entdeckungsreise

Ob vom Wasser, ob aus der Luft,
es ist die Neugier, die dich ruft.

Mit Affen durch den Dschungel rasen,
am Nordpol steh‘n mit roten Nasen,
alles aus der Luft ansehen,
auf dem Meeresgrunde gehen.
Dunkle Höhlen heller machen,
auf dem Gipfel lauthals lachen,
Oasen in der Wüste finden,
Lagerfeuer selbst entzünden.
Fremde Länder neu entdecken,
kurze Wege, lange Strecken.

Hast du Mut und machst dich auf,
nimmt das Abenteuer seinen Lauf.

Regina Eberlein

Die Nachtwanderung

Seit drei Tagen ist Lukas im Ferienlager. Sie wohnen alle in Zelten und es gibt jede Menge Programm. Schwimmen im See, Tischtennis-Turniere und heute Abend eine richtige Nachtwanderung! Ganz allein sollen sie durch den Wald marschieren. Und irgendwo auf dem Weg ist sogar ein Schatz versteckt.

Am Abend ist es dann so weit. Alle Kinder bekommen Laternen und werden in kleine Gruppen aufgeteilt. Lukas ist in einer Gruppe mit Stefan und Nadine.

Der Mond leuchtet hell und die Nacht ist sternenklar. Vorsichtig betreten sie den Pfad, der direkt in den Wald hineinführt. Im Wald ist es mit einem Schlag stockdunkel. Es knackt und knirscht bei jedem Schritt.

„Eine Sternschnuppe!“, ruft Nadine plötzlich, als sie über eine Lichtung laufen, und deutet zum Himmel. „Schnell, jeder darf sich heimlich was wünschen!“ „Ich wünsche mir, dass wir den Schatz finden!“, denkt Lukas, obwohl er eigentlich gar nicht an die Kraft von Sternschnuppen glaubt. Aber sicher ist sicher.

Auf einmal entdeckt Lukas etwas am Wegrand. „Haltet mal an!“, bittet er die anderen. Stefan, Nadine und er bücken sich, um den Gegenstand genauer zu betrachten. Es ist eine große, rote Truhe.

„Der Schatz!“, flüstert Stefan begeistert und macht schnell den Deckel auf. Die Truhe ist bis zum Rand mit Süßigkeiten gefüllt. „Nehmt, so viel ihr tragen könnt, und lasst den Rest für die nächsten Schatzsucher zurück!“, steht auf einem Zettel, der an der Kiste angebracht ist.

Das lassen sich Stefan, Nadine und Lukas nicht zweimal sagen. Schnell stecken sie Schokoriegel und Bonbons in ihre Hosentaschen. Dann kehren sie ins Lager zurück.

Einen Text in Bildern darstellen
Seite 182

Kathrin Schrocke

Ferienplan

Ramasan und Leyla fahren ins Ferienlager.
Gemeinsam mit vielen anderen Kindern werden sie in Zelten schlafen.
Gespannt lesen die beiden ihren Ferienplan.

Montag

8:30 Uhr
Abfahrt

gegen 12:30 Uhr
Ankunft im Ferienlager

12:30-14:30 Uhr
Mittagessen und Pause

14:30-18:00 Uhr
Schwimmen im See

18:00-19:00 Uhr
Abendessen

19:00-21:00 Uhr
Lagerfeuer

Dienstag

8:30-9:30 Uhr
Frühstück

9:30-12:30 Uhr
Kletterpark

12:30-14:30 Uhr
Mittagessen und Pause

14:30-18:00 Uhr
Höhlenerkundung

18:00-19:00 Uhr
Abendessen

19:00-21:00 Uhr
Nachtwanderung

„Das hört sich ja schon gut an", sagt Ramasan. „Mal sehen, was wir die letzten drei Tage machen."

Mittwoch

8:30-9:30 Uhr
Frühstück

9:30-12:30 Uhr
Waldrallye

12:30-14:30 Uhr
Mittagessen und Pause

14:30-18:00 Uhr
Schwimmen im See

18:00-19:00 Uhr
Abendessen

19:00-21:00 Uhr
Vorbereitung der Sketche

Donnerstag

8:30-9:30 Uhr
Frühstück

9:30-12:30 Uhr
Wildnis-Wanderung

12:30-14:30 Uhr
Mittagessen und Pause

14:30-18:00 Uhr
Kanufahrt

18:00-19:00 Uhr
Abendessen

19:00-21:00 Uhr
Lieder und Sketche

Freitag

8:30-9:30 Uhr
Frühstück

9:30-12:30 Uhr
Packen und Abbau

12:30-14:30 Uhr
Mittagessen und Abreise

Im Kletterpark

Liebes Ferientagebuch!

Heute waren wir im Kletterpark! Wir haben alle einen Helm und Handschuhe bekommen. Dann mussten wir uns einen Gurt umlegen. „Damit seid ihr immer gesichert", hat unser Kletterlehrer gesagt. Ramasan hat laut protestiert. „Das ist doch nur für Babys!" Aber hinterher war er doch ganz froh darüber. Denn als wir über die Hängebrücke balanciert sind, rutschte ihm plötzlich die Hand ab. Das Seil war nämlich ziemlich glitschig. Auf einmal war Ramasan verschwunden! Er fiel einfach vor meinen Augen von der Brücke. Das war vielleicht ein Schreck! Und wenn der Klettergurt mit dem langen Seil daran nicht gewesen wäre, hätte Ramasan sich bei seinem Sturz ziemlich weh getan. Meine absolute Lieblingsstation war die Riesenrutschseilbahn. Am Ende kam man mit dem Po fast auf den Boden!

Wie du merkst, war es ein toller Ausflug, liebes Tagebuch.

Bis morgen!
Deine Leyla

Die Schachtel im Garten

Bill ist im Garten bei der Arbeit. Es ist Frühling und angenehm warm. Genau das richtige Wetter, um im Garten zu sein. Da ist auch Will. Er sitzt auf einem Bänkchen.

„Geht es gut, Bill?“, fragt Will. „Sehr gut“, antwortet Bill. „Ich bin schon fertig. Jetzt bringe ich nur noch die Geräte in den Schuppen. Dann setze ich mich zu dir.“

Bill läuft hin und her. Er kehrt die Erde weg. Er wirft das Unkraut in eine Grube. „Siehst du, Will“, sagt er. „Das hätten wir geschafft.“

„Bill“, sagt Will.
„Vergiss die Schachtel nicht.“
Verdutzt blickt Bill auf.
„Welche Schachtel?“
Will deutet mit dem Kopf zur Hecke.

Dort liegt eine Schachtel.
Die Schachtel ist lang und schmal
und sie ist verschlossen.
Sie liegt einfach so da im Gras.
Bill sieht sich die Schachtel näher an.

„Eine komische Schachtel“, murmelt er.
„Die ist nicht von mir, Will.“
„Oh“, sagt Will.
„Von mir ist sie auch nicht.“
„Sonderbar“, sagt Bill.
„Was macht die Schachtel da?
Wie kommt sie hierher?“

Rindert Kromhout

Eine ungewöhnliche Entdeckung

Am Abend, als Paul schlafen gehen wollte, lag jemand in seinem Bett und schnarchte. Ein kleiner Mann in einem karierten Mantel, mit einer Mütze und einem gewaltigen Schnurrbart unter der Nase. Er schlief tief und fest. Paul musste ihn mehrmals anschubsen, bis er aufwachte.

„Wer sind Sie?“, erkundigte sich Paul. Der kleine Mann tippte mit der Hand an seine Mütze und verneigte sich.
„Plümo, Viktor Plümo, für dich: Herr Plümo.“
„Und was machen Sie in meinem Bett, Herr Plümo?“
„Bis eben habe ich geschlafen, und momentan unterhalte ich mich.“

Herr Plümo schlug schwungvoll die Decke zurück und kletterte am Fußende aus dem Bett. Nun entdeckte Paul, dass der seltsame kleine Mann unter dem karierten Mantel eine gestreifte Hose und Schnürschuhe trug.

„Gehen Sie immer mit Schuhen ins Bett?“
„Das ist äußerst praktisch“, sagte Herr Plümo.
„Zum Beispiel, wenn man Reißaus nehmen muss.“
„Aha“, sagte Paul. Er sagte immer aha,
wenn er etwas nicht verstand.

Viktor Plümo nickte vielsagend.
„Stell dir vor, ein Löwe
– ein hungriger Löwe natürlich –
springt auf dein Bett. Reißt das Maul auf.
Brüllt. Fletscht die Zähne. Und …
Nun, den Rest kannst du dir ja vorstellen.“
Paul erschauderte.
„Na also!“, sagte Plümo. „Da ist es fraglos von Vorteil,
wenn man die Schuhe schon anhat.
Das musst du zugeben.“

„Bisher war eigentlich noch nie
ein Löwe hier“, wandte Paul zaghaft ein.
„Das war ja auch nur ein Beispiel“, erklärte Plümo.
„Ein Krokodil ist nicht viel gemütlicher.
Das kann ich dir sagen!“

Damit drehte er sich um
und wanderte durch Pauls Zimmer.
„Jetzt wollen wir doch mal sehen,
was man in einer hellwachen Nacht
so alles anfangen kann.“

Brigitte Endres

Dschungeltour

Spielstück für unerschrockene Touristen
und einige Dschungelbewohner

Reiseleiter *(spricht, als ob er ein Mikrofon in der Hand hielte)*:
Willkommen, meine verehrten Damen und Herren, liebe Kinder!
Sie haben sich für eine Reise in den Dschungel entschieden.

Touristen *(rufen laut)*: Richtig, richtig, wunderbar!

Reiseleiter: Aufgrund einiger Schlaglöcher
wird es zu leichten Turbulenzen
während der Fahrt kommen. Es kann losgehen!
(Macht ein tuckerndes Motorengeräusch,
die Touristen machen mit.)

(Touristen sitzen auf ihren Plätzen,
wippen dabei leicht auf und ab.)

Reiseleiter: Achtung, ein Schlagloch!

Touristen und Reiseleiter *(erheben sich alle kurz*
von ihren Plätzen und rufen dabei): Huuii!

Reiseleiter: Zu ihrer Rechten sehen sie nun
die lustige Affenbande *Alles Banane*.

Touristen: Oooh!

Affen: U-u-u-u! A-a-a-a! U-u-u-u! A-a-a-a!

Reiseleiter: Und zu ihrer Linken
die längste Schlange der Welt,
die große Anakonda!

Schlange:
SSSSssssss!

Touristen: Aaah!

Reiseleiter: Hier sehen sie den Höhepunkt
unserer Dschungeltour, den mächtigen König des Dschungels:
Luis Löwe!

Touristen *(bewundernd, aber etwas ängstlich)*: Uuuh!

Löwe *(brüllt furchterregend)*: Groaah!

Reiseleiter: Achtung, ein weiteres Schlagloch!

Touristen *(erheben sich wieder kurz von ihren Plätzen)*:
Huuii!

Reiseleiter: Manchmal sind es auch zwei Löcher hintereinander,
aber wir haben wohl Glü-
*(Reiseleiter fällt plötzlich aus dem Bus und schreit)***:**
Aaaaaah!

Touristen *(rufen erschrocken)*: Oooh!

Tourist 1 *(übernimmt das Mikrofon des Reiseleiters)*:
Wie sie sehen, kann unser Reiseleiter
viel schneller laufen als der Löwe.
Wenn ich sie um ihre Unterstützung bitten dürfte …

Touristen *(rufen laut im Chor)*: Schneller, schneller!

Reiseleiter *(springt zurück in den Bus und sagt erschöpft)*:
Vielen Dank für das freundliche Anfeuern,
und dass sie mit Dschungel-Tours gereist sind.
Wir wünschen ihnen noch einen angenehmen Tag!

Touristen *(klatschen und rufen dabei)*:
Bravo, bravo! Dankeschön!

Regina Eberlein

Ein Forscher und Entdecker

Alexander von Humboldt lebte vor mehr als 200 Jahren.

Er wurde durch seine abenteuerlichen Reisen zu einem weltbekannten Entdecker. In einer Zeit, in der das Reisen über die Meere der Welt noch lang und gefährlich war, machte er sich auf die Suche nach Wissen über die Natur.

Humboldt fand und untersuchte unbekannte Pflanzen und Tiere in Amerika und Asien. Oft reichten die für diese Dschungel-Reise mitgebrachten Lebensmittel nicht aus. So kam es vor, dass schon einmal Ameisen auf der Speisekarte standen.

Auch Höhlen, Vulkane oder den Sternenhimmel erforschte der Wissenschaftler sehr genau. Zu gern wollte er mehr über die Welt erfahren. Auf einer seiner Reisen entdeckte er eine neue Pinguinart. Sie wurde nach ihm benannt: der Humboldt-Pinguin.

Wir lieben die Stürme

Wir lieben die Stürme, die brausenden Wogen,
der eiskalten Winde raues Gesicht.
Wir sind schon der Meere so viele gezogen,
und dennoch sank unsre Fahne nicht.

Heijo, heijoheijo, heijo, heijo, heijo, heijo, heijoheijo,
hei, hei, hei.
Heijo, heijoheijo, heijo, heijo, heijo, heijo, heijoheijo,
hei, hei, hei.

Unser Schiff gleitet stolz durch die schäumenden Wogen,
es strafft der Wind unsre Segel mit Macht.
Seht ihr hoch oben die Fahne sich wenden,
die blutrote Fahne? Ihr Seeleut, habt acht!

Heijo, heijoheijo …

Das Schwein mit dem Totenkopf

Der Dicke Sven wohnte mit seinem Schiffsjungen Pit in einer kleinen Hütte am Strand.

Eines Morgens beschlossen die zwei, einen Strandspaziergang zu machen. Da spülten die Wellen ihnen plötzlich ein Fass vor die Füße.

Und als Pit hineinsah, grunzte ihn ein Schwein an. Um den speckigen Hals trug es eine goldene Kette, an der ein Totenkopf-Anhänger baumelte.

Sie nannten das Ferkel Jule. Und sie merkten schon bald, dass sie da kein gewöhnliches Schwein gefunden hatten.

Cornelia Funke

Seite 196

Zu einem Text schreiben
Seite 176

Das Piratenschwein

Eines Tages bekam Sven den Auftrag, Kokosnüsse zur Nachbarinsel zu bringen. Und da passierte es: Mitten auf See fing das Schwein Jule plötzlich an zu quieken. Dann stürmte Jule zu dem löchrigen Fischernetz und schubste es mit der Schnauze ins Meer.

„Donnerlottchen, Jule!“, rief Sven entgeistert. „Was ist denn in dich gefahren?“ Aber als Pit und er das Netz wieder aus dem Wasser zogen, glänzte und glitzerte es darin nur so von Gold und Silber.

„Unsere Jule kann Schätze riechen“, staunte der Dicke Sven. Pit guckte die Kisten voller Gold und Edelsteine an und wurde blass um die Nase. „Man sagt“, flüsterte er, „Piraten fangen sich manchmal Ferkel und bringen ihnen bei, nach Schätzen zu schnüffeln. Denkst du, Jule ist so ein – Piratenschwein?“

Der Dicke Sven spuckte ins Meer. „Ja, das denke ich“, knurrte er.

Cornelia Funke

Na klar ist Jule ein Piratenschwein!
Lies nach in **Das Piratenschwein**.

Henri Matisse

Weil ich bin

Ich atme ein, ich atme aus,
die Luft geht rein, die Luft geht raus.

Ich gehe vorwärts Schritt für Schritt,
ein Fuß geht mit dem andern mit.

Ich denke leise, so für mich:
Weil ich ich bin, bin ich ich.

Helmut Glatz

Florian sagt: „Nein!"

Florian und Laura wollen schnell nach Hause. Sie gehen auf dem schmalen Weg hinter den Gärten, denn der ist eine Abkürzung. „Warum schleichst du so?“, fragt Laura. „Psst!“, antwortet Florian und zeigt auf das Haus vor ihnen. „Ach, wegen Frau Seidel“, meint Laura. Florian nickt und sagt: „Die tut immer so seltsam.“

Laura ist das bisher noch gar nicht aufgefallen. Ihre Mama besucht die Frau Seidel manchmal. Jetzt kommen die beiden zum Eingang von Frau Seidels Garten. Da öffnet sie die Tür, und schon geht es los: „Hallöchen, mein Kleiner! Das ist lieb, dass du vorbeikommst.“

Frau Seidel versperrt ihnen den schmalen Weg. Florian will sich an ihr vorbeidrängen. Aber sie hält ihn an der Schulter fest. Nun mischt sich Laura ein: „Wir müssen nach Hause.“ „Ihr werdet doch ein bisschen Zeit für mich haben“, plappert Frau Seidel. Sie bückt sich und schmatzt Florian einen Kuss auf die Wange. Der ist nass. Igittigitt!

Florian möchte weg. Aber sie hält ihn immer noch fest und sagt: „Komm rein. Ich habe Pralinen."

Zu Laura sagt sie: „Du kannst mitkommen." Florian weicht zurück und dreht sich unter ihrer Hand weg. Frau Seidel beschwert sich: „Du bist heute aber komisch, mein Kleiner." Sie versteht nicht, warum er das nicht möchte. Also muss er es sagen. Traut er sich?

„Ich will nicht mitkommen!", platzt es aus ihm heraus. „Und ich will auch keine Pralinen. Ich hab nur nie gesagt, dass ich die nicht mag. Und ich will auch keinen Schlabberkuss."

Frau Seidel schimpft: „Ich war immer nett zu dir. So was Undankbares und Freches habe ich noch nie erlebt!"

Florian drückt sich an ihr vorbei. Dass er undankbar und frech ist, glaubt er nicht. „Die war ja wirklich seltsam", meint Laura. Florian nickt und sagt: „Hoffentlich lässt sie mich jetzt in Ruhe."

Achim Bröger

Mit anderen über einen Text sprechen
Seite 180

Kassler Klein-Koch-Kunst

In einem Topf bei Kassel
wohnte eine Assel,
bis eine Kassler Köchin kam
und diesen Topf zum Kochen nahm.
Die Assel starb im Brei –
so war auch Fleisch dabei.

Karlhans Frank

Nach-Speise

Vanilleschnitzel und
Erdbeertomaten,
Marmeladesauce und
Senfbananen,
Nudelpommesfrites und
Schokobraten
sind in meinem Magen
durcheinandergeraten

rumpeldibumm,
da drin geht's um.

Wolfgang Wagerer

Speisekarte mit Dreckfehlern

Heiße Nudelpuppe mit Boot

Wiener Schnipsel mit Leipziger Allerlei und Pommes Fritzchen

Hamburger mit großer Lola

Tischstäbchen mit Pantoffelbrei und Roter Knete

Igeleier mit Pirat und Dreck

Großer gewischter Salatkeller

Spizza „Vier Jahreszeiten"

Eisbrecher mit drei Kegeln

Milchschweiß mit weißen Hirschen

Lahmer Apfelpudel mit Vanillehose

Rätsel

Du hast es auf dem rechten Fleck.
Oft fällt dir ein Stein davon runter.
Du schüttest es manchmal bei mir aus.
Gestern fiel es dir gar in die Hose.

Du gehst mit ihm oft durch die Wand.
Manchmal steckst du ihn in den Sand.
Dann gibt es Zeiten, da raucht er dir,
und Zeiten, da zerbrichst du ihn dir.

Du tanzt mir oft darauf herum
und schlägst mir die Tür vor ihr zu.
Gestern führte ich dich an ihr herum.
Manche bohren in ihr immerzu.

Gerda Anger-Schmidt

Viele Kinder – viele Hobbys

Was machen eigentlich die Kinder unserer Klasse in ihrer Freizeit?
Das wollten Aylin und Elias herausfinden
und haben alle nach ihren Hobbys gefragt.
Nun wollen sie ihre Ergebnisse vorstellen
und haben ein Diagramm gezeichnet,
das sie an der Tafel aufhängen:

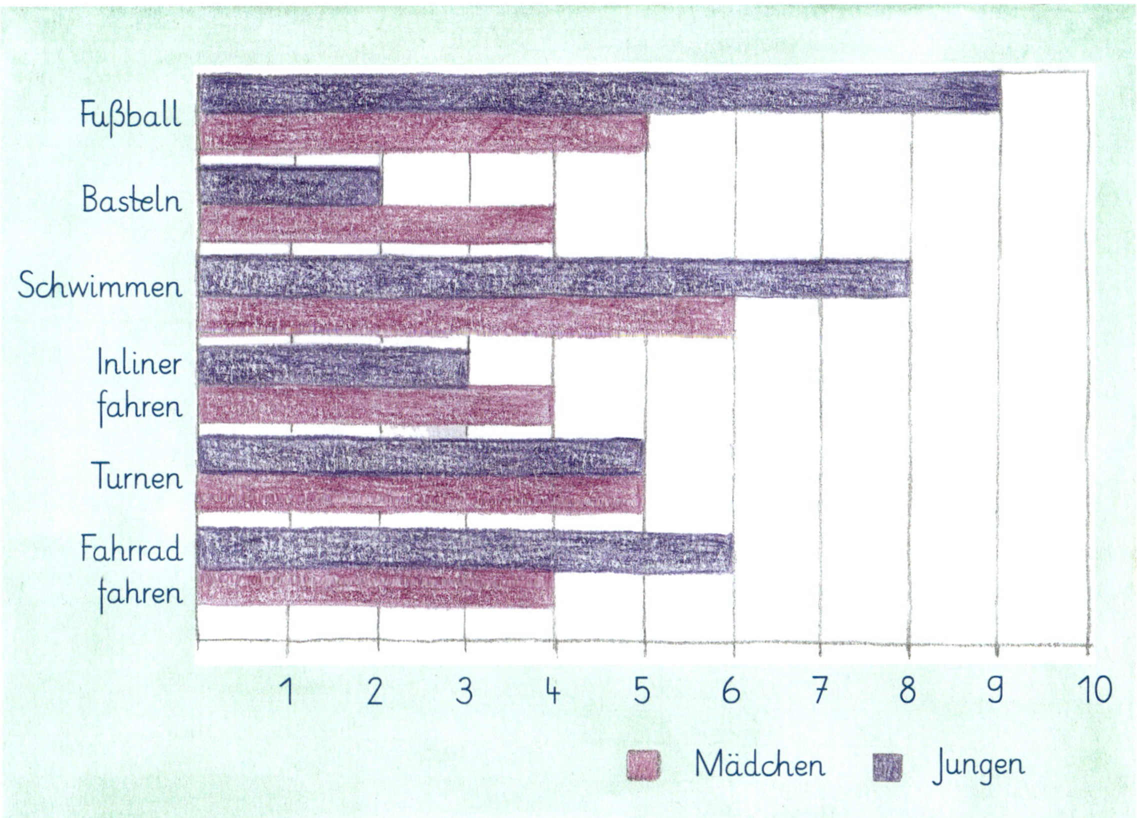

„Super!“, ruft Sarah. „So etwas mache ich auch.
Ich werde eine Umfrage machen, wer welches Haustier hat.“
„Und ich frage nach dem Lieblingsessen“, meldet sich Leon.
Pia möchte wissen, welche Musikinstrumente die Kinder
der Klasse spielen.

Brillen für jeden Zweck

Brillen als Sehhilfen

Brillen wurden für Menschen erfunden, die nicht gut sehen konnten. Der Name *Brille* leitet sich von dem Wort *berille* ab. Berylle sind Bergkristalle. Man bearbeitete sie früher so, dass sie Sehfehler ausgleichen konnten. Heute gibt es Brillen in unterschiedlichen Farben und Formen. Die meisten Menschen tragen heute Brillen mit Gläsern aus Kunststoff.

Sonnenbrillen

So, wie man die Haut mit Sonnencreme vor der Sonne schützt, schützen Sonnenbrillen die Augen vor den gefährlichen Strahlungen des hellen Sonnenlichts. Dieser gefährliche Anteil des Lichts wird durch das besondere Glas für das Auge gefiltert. Sonnenbrillen gibt es in unterschiedlichen Tönungen.

Schwimmbrillen sind Sportbrillen. Sie schützen die Augen vor Reizungen durch Chlorwasser oder Salzwasser. Zwei kleine Gläser liegen eng um die Augenhöhle an. Mit einem Gummiband um den Kopf wird die Schwimmbrille festgehalten.

Fahrradbrillen schützen das Auge vor Regen, Wind, Staubkörnern oder Insekten. Das Brillenglas hat eine gebogene Form, damit die Sicht im Straßenverkehr nicht gestört wird.

Skibrillen haben eine ähnliche Funktion wie Fahrradbrillen. Zusätzlich schützt eine Tönung die Augen vor der schädlichen UV-Strahlung und vor Schneeblindheit.

fünfter sein

tür auf
einer raus
einer rein
vierter sein

tür auf
einer raus
einer rein
dritter sein

tür auf
einer raus
einer rein
zweiter sein

tür auf
einer raus
einer rein
nächster sein

tür auf
einer raus
selber rein
tagherrdoktor

Ernst Jandl

Fieber haben

Ist Fieber eine Krankheit?

Nein, Fieber selbst ist keine Krankheit, sondern ein Warnsignal. Es bedeutet, dass unser Körper sich gerade gegen eine Krankheit wehrt. Zu hohes Fieber sollte man senken. Es ist sehr anstrengend für den Körper. Außerdem muss man bei Fieber sehr viel trinken!

Warum steigt die Körpertemperatur?

Die normale Körpertemperatur des Menschen beträgt 37° Celsius. Unser Gehirn überwacht sie ständig. Wenn Krankheitserreger unseren Körper angreifen, vermehren sich bestimmte Blutzellen. Sie zerstören die Erreger. Durch diesen Vorgang steigt die Körpertemperatur.

nach Delphine Godard und Nathalie Weil

Antworten auf weitere spannende Fragen findest du in dem Buch **Hatschi, Pups und Aua!**, dem großen Buch der Körpersensationen.

Paula

Paula ist zu dick.
Paula wünscht sich, leicht zu sein.
Wie eine Libelle, wie ein Taschentuch
oder wie ihre acht Geschwister.
Keiner von ihnen ist so schwer wie Paula.
Einfach keiner.

„Das geht wieder weg“,
sagt ihre Mutter jeden Morgen.
„Du bist eben unser Pummelchen“,
sagt der Vater jeden Abend.
„Mich stört das nicht.“

Paula glaubt, dass ihr Vater lügt.
Es stört ihn doch.
Er hat aufgehört, Paula in die Luft zu werfen.
Sein Kreuz tut ihm weh, behauptet er.

Paula kennt die Wahrheit.
Sie ist ihm einfach zu schwer geworden.

Im Frühling kommt Onkel Hiram zu Besuch. Er lebt in Australien und hat Paula das letzte Mal vor zwei Jahren gesehen. Da war Paula rank und schlank.

„Dir scheint es ja besonders gut zu gehen“, sagt Onkel Hiram und nimmt Paula auf den Arm, als wäre sie noch immer rank und schlank.

„Nicht gerade besonders“, sagt Paula. „Ich bin zu dick und zu schwer.“ Onkel Hiram lässt Paula ein wenig in seinen Armen wippen. „Also ich spür nichts“, sagt er und meint es auch so. Paula kann sehen, dass Onkel Hiram nicht lügt. Es ist kein Scherz. Es ist wirklich so.

Onkel Hiram beweist es Paula, er geht mit ihr nach draußen und wirft sie in die Luft.

Paula kichert. Sie hat kein Gewicht mehr. Sie ist leichter als eine Libelle oder ein Taschentuch. Paulas Kichern wird zu einem Lachen.

Zoran Drvenkar

A-Z Seite 195

Gustav Klimt

Das leise Gedicht

Wer mäuschenstill am Bache sitzt,
kann hören, wie ein Fischlein flitzt.

Wer mäuschenstill im Grase liegt,
kann hören, wie ein Falter fliegt.

Wer mäuschenstill im Bette lauscht,
kann hören, wie der Regen rauscht.

Wer mäuschenstill im Walde steht,
kann hören, wie ein Rehlein geht.

Wer mäuschenstill ist und nicht stört,
kann hören, was man sonst nicht hört.

Alfred Könner

Ein großer Tag für Latte Igel

Latte Igel schlug die Augen auf.
Im gleichen Moment fiel ihm ein,
dass heute sein Geburtstag war.
Was meine Freunde sich wohl
für mich ausgedacht haben, dachte er.
Aber draußen war nichts zu hören.
Nur das Gezwitscher der Vögel.

Am Ende hielt Latte Igel es vor lauter Neugier
nicht mehr im Bett aus. Er schwang die Pfoten
über den Bettrand und schlich leise zur Tür.
Behutsam schob er sie auf
und steckte den Kopf durch den Spalt.
Die Lichtung lag leer vor ihm.
Alles war wie immer.

Doch was war das?
An Latte Igels Tür hing ein kleines Paket.
Er löste das Päckchen von der Schnur
und entdeckte eine Aufschrift:
Von deiner Freundin, der Hexe!

Er öffnete das Paket und darin lag
ein Glas mit einem Schraubverschluss,
in dem ein kleiner roter Feuerkäfer saß
und mit den Vorderbeinen winkte.

Auf dem Deckel stand:
Vorsicht! Betti, das magische Käferlein,
verfügt über extreme Kräfte.
Begib dich mit ihr zusammen zum Schmetterlingsschloss.

Latte Igels Neugier war geweckt.
Er schlüpfte rasch in seine Kleider
und verstaute das Glas in seinem Rucksack,
den er sich über die Schulter hängte.
Dann machte er sich auf den Weg.

Sebastian Lybeck

Von der Raupe zum Schmetterling

① Langsam wächst die Raupe.
Ihre Haut wird bald zu eng.
Also macht die Raupe sich
eine neue und größere Haut.
Sie zerreißt die alte Hülle,
um herauszukommen.
Dann frisst sie weiter
bis zur nächsten Häutung.

② Etwa einen Monat nach der Geburt
ist die Raupe bereit zur letzten Häutung.
Sie sucht sich einen geschützten Ast.
Dort bastelt sie sich zunächst einen Gurt
aus Fasern, damit sie nicht herunterfällt.

③ Etwa zwei bis drei Tage lang
rührt sich die Raupe nicht.
Dann bläst sie sich auf
und zerreißt ihre letzte Hülle.
Kurz darauf streift sie die bunte Hülle ab.
Dann lässt sie die Hülle fallen und
bleibt mit dem Hinterleib am Ast hängen.

④ Sie verwandelt sich
in eine Puppe.
In ihrem Inneren
bildet sich langsam
ein Schmetterling.

⑤ Die Puppe bewegt sich
sehr lange überhaupt nicht.
Sie atmet langsam und frisst nicht.
Allmählich wird die Puppenhülle
durchsichtig.
Der zukünftige Schmetterling
steht kurz vor seiner Geburt.

⑥ Zuletzt schlüpft der Schmetterling
aus der Hülle.
Zum Ausbreiten der Flügel pumpt er
Luft in die Atemröhren und Blut in die Adern.
Die Flügel erweitern und verhärten sich.
Dann fliegt er los.

Valérie Tracqui

Noch mehr über Raupen
und Schmetterlinge steht in dem Buch
Der Schmetterling.

Morgen

„Morgen trägt mich der Sommerwind
über Blumenwiesen dahin.“
„Morgen“, sagte das Raupenkind,
„wenn ich ein schöner Schmetterling bin.“

Frantz Wittkamp

Der verdrehte Schmetterling

Ein Metterschling
mit flauen Bügeln
log durch die Fluft.
Er war einem Computer entnommen,
dem war was durcheinandergekommen,
irgendein Drähtchen,
irgendein Rädchen.
Und als man es merkte,
da war's schon zu spätchen,
da war der Metterschling schon feit wort,
wanz geit.
Mir lut er teid.

Mira Lobe

IM SCHNECKENHAUS VON EINER SCHNECKE GIBT'S VIELE KURVEN, DOCH KEINE ECKE! VORNE AUS DEM SCHNECKENHAUS SCHAUT DIE KLEINE SCHNECKE RAUS

Paul Maar

Seite 197

auf dem land

bienienienienienienienEN
summummummummummummummEN

grillillillillillillillEN
zirpirpirpirpirpirpirpEN

fröschöschöschöschöschöschöschE
quakakakakakakakakakEN

hummummummummummummummummELN
brummummummummummummummummEN

vögögögögögögögögEL
zwitschitschitschitschitschitschitschitschERN.

Ernst Jandl

Löwenzahn

löwenzahnsamen schweben über

Renate Welsh

Silberne Laternchen

Die goldne Pracht hat ausgeblüht.
Die kleinen Sonnen sind verglüht.
In silbernen Laternen glimmt
ihr Licht, bevor es Abschied nimmt.
Bevor der Wind es rund verweht
und neue goldene Sonnen sät.

Hans Erich Blaich

Ein Gedicht auswendig vortragen
Seite 188

Wiesenblumen im Herbarium

Name:	Löwenzahn
Größe:	15 Zentimeter
Blütenfarbe:	gelb
Fundort:	im Garten auf der Wiese
gefunden am:	17. Mai
weitere Namen:	Kuhblume, Pusteblume

Name:	Gänseblümchen
Größe:	7 Zentimeter
Blütenfarbe:	außen weiß, innen gelb
Fundort:	am Wegesrand
gefunden am:	3. April
weitere Namen:	Marienblümchen, Maßliebchen

Name:	Sumpfdotterblume
Größe:	…
Blütenfarbe:	…

Wilbur und Charlotte

„Salve!“, sagte eine Stimme. Wilbur, das Schwein, fuhr in die Höhe. „Wo bist du?“, schrie er. „Schau hier herauf, in die Ecke des Tors. Hier bin ich.“

Endlich sah Wilbur das Wesen. Quer über die obere Torecke spannte sich ein weites Spinnennetz, und von der Spitze des Netzes hing, mit dem Kopf nach unten, eine stattliche, graue Spinne. Sie hatte acht Beine, und mit einem davon winkte sie Wilbur freundlich zu.

„Hocherfreut, dich kennen zu lernen. Darf ich deinen Namen wissen?“ „Mein Name“, sagte die Spinne, „ist Charlotte. Schau mal, wie ich diese Fliege einwickle!“

Eine Fliege war gegen den unteren Teil von Charlottes Netz geprallt und hatte sich in den klebrigen Fäden verfangen. Jetzt schlug sie wütend mit den Flügeln und versuchte, sich zu befreien.

„Zuerst“, sagte Charlotte, „werf ich mich auf sie.“ Sie machte einen eleganten Hecht auf die Fliege zu. Ein feiner seidener Faden glitt dabei aus ihrem Hinterleib.

„Dann wickle ich sie ein.“ Sie packte die Fliege, warf ihr blitzschnell ein paar Ladungen Seide über und drehte sie herum, bis sie sich nicht mehr rühren konnte.

„Jetzt noch der Knockout, das ist angenehmer für sie.“ Sie biss die Fliege. „Jetzt spürt sie rein gar nichts mehr“, erklärte sie. „Das gibt ein perfektes Frühstück für mich!“

„Soll das heißen, du frisst Fliegen?“, japste Wilbur. „Natürlich! Fliegen, Käfer, Heuschrecken – alles, was leichtsinnig genug ist, mir ins Netz zu gehen. Ich muss schließlich leben, oder?“

Elwyn Brooks White

Einen Text mit verteilten Rollen vorlesen
Seite 174

Die Käferparty

Rollen mit Text: Kängurukäfer , Schneller Knipser ,

Hirschkäfer , Baumwollkapselkäfer ,

Eichenblattroller , Glanzrüssler ,

Maikäfer  und zwei Erzähler/innen 

Rollen ohne Text: einige Leuchtkäferdamen, ein Grillenorchester, Ameisen, Eintagsfliegen, Laufkäfer

(Ein Käfer nach dem anderen betritt die Bühne und stellt sich vor.)

(ruft laut in die Runde):
Wie wäre es mit einem Festival im Wald?
Wir singen, wir tanzen, wir haben gute Laune ...

(springt nach vorn):
Ich schlage als Festbeitrag einen Sprungwettbewerb vor.

(senkt den Kopf):
Unfug! Viel besser wäre ein Ringkampf.
So etwas amüsiert weitaus mehr.

(schiebt sich eingebildet vor die anderen):
Nun, wenn wir schon allgemein von Interesse und Bedeutung reden: Mir haben die Menschen ein Denkmal errichtet.

(beeindruckt):
Donnerwetter. Unsereins bekommt nur Gifte aus der Spritzdose!

(dreht sich um sich selbst):
Im Gegensatz zu vielen von euch kann ich
über fehlende Beliebtheit nicht klagen.
Ich bin eben schön!

Gerade als der Glanzrüssler seine Schönheit anpreist,
schwirrt ein Schwarm hübscher Leuchtkäferdamen
in die Runde. Der Hirschkäfer protzt sogleich
mit seinem gewaltigen „Geweih“.

(reckt sein Geweih nach vorn):
Machen wir doch ein kleines Wettrennen.

Alle Käfer folgen der Einladung.

(enttäuscht):
Ohne Publikum macht das nur halb so viel Spaß.

(hüpft hin und her):
Das ist schnell organisiert.

Er schnellt davon und nach einer halben Stunde
hat er viele Zuschauer gewonnen: ein Grillenorchester,
Ameisen und wunderschöne Eintagsfliegen.
Der Maikäfer wird zum Schiedsrichter ernannt
und gibt das Startzeichen.

(schwingt eine Fahne):
Drei – zwei – eins – los!

Sie rennen über den Waldboden. Das Publikum klatscht
mit den Flügeln. Der Laufkäfer wird natürlich Erster.
Die hübscheste der Eintagsfliegen überreicht dem Laufkäfer
ein goldenes Heidelbeerchen als Siegerpreis, und die Grillen
spielen die Käferhymne. Dann gibt es ein glanzvolles Fest.

nach Heidrun Boddin

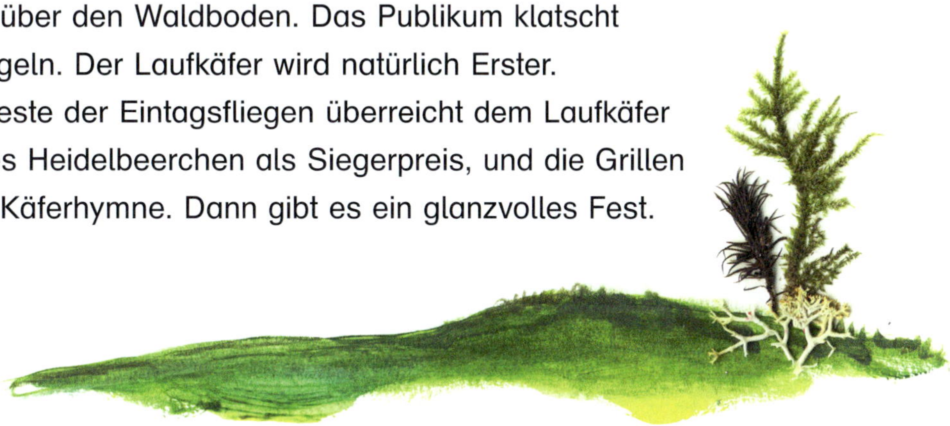

Wassily Kandinsky

Erde

Ich weiß, dass die Erde um die Sonne kreist,
dass die Erde manchmal bebt und Lava spuckt
und kann doch mit meinen Beinen
fest auf der Erde stehen
oder auf der blanken Erde schlafen.
Wenn ich glücklich bin,
habe ich den Himmel auf Erden.

Rosemarie Künzler-Behncke

In den Bäumen wohnen

Hast du schon einmal davon geträumt, in einem Baumhaus deine Ferien zu verbringen?

In Thailand kann man solche Häuser mieten. Manche stehen im Dschungel, andere direkt am Strand. Wenn man Glück hat, kann man von dort oben Elefanten und Affen beobachten oder die Aussicht auf das Meer genießen.

Es gibt auch Menschen, die immer in Baumhäusern wohnen. Im Dschungel von Papua-Neuguinea leben die Korowai.

Bis zu acht Personen einer Familie wohnen in Häusern, die sie in den Bäumen gebaut haben.

Diese Häuser befinden sich etwa 6 bis 25 Meter über dem Boden. Dort oben weht ein frischer Wind, und die Korowais sind vor gefährlichen Raubtieren sicher.

Michelle Ferber

Vermuten, worum es in einem Text geht
Seite 178

Naschen in aller Welt

Baklava
Diese süße Nachspeise gibt es in vielen Ländern, zum Beispiel in der Türkei. Es ist ein Gebäck, das mit gehackten Nüssen gefüllt und in Sirup eingelegt wird. Das Rezept für Baklava ist schon viele Hundert Jahre alt.

Honigtöpfchen
In Australien gibt es Ameisen, die von den Ureinwohnern des Landes wie Bonbons gegessen werden. Diese Ameisen speichern in ihrem Körper süßen Pflanzensaft für Notzeiten. Man nennt sie Honigtöpfchen, weil sie so süß schmecken.

Daifuku
Diese kleinen Küchlein isst man gern in Japan. Der Teig kann einen unterschiedlichen Geschmack haben, zum Beispiel nach Erdbeeren. Er ist mit einer Paste aus Bohnen und Zucker gefüllt. Manchmal sind die Küchlein auch in Sesam gewälzt.

Susan Krull

Schulwege

Ghana

Indien

China

Kolumbien

Vietnam

Der Neue

Ich heiße Arthur!
… und komme aus einem anderen Land.
Meine Hobbys sind malen, lesen und schwimmen. Ich schwimme wie ein Fisch! Meine Eltern, meine Schwester und ich sind mit einem Boot in dieses Land gekommen. Meine Mutter brachte mich in die neue Schule, gab mir einen Kuss und ging. Die Lehrerin lächelte mich an, sagte aber nichts. Dann war Pause. Wir gingen alle in den Hof. Ein Mädchen kam zu mir und sagte:

Sie drückte mir eine Schnur in die Hand, nahm das andere Ende, ging ein Stück weg und drehte und drehte. Die Kinder hüpften. Ich verstand schnell, worum es ging. Die Kinder lächelten, redeten aber nicht mit mir. Kurz bevor wir nach Hause gehen durften, gab die Lehrerin mir einen Zettel und sagte:

Ich nickte.

Am nächsten Tag packte Mutter mein Schwimmzeug ein und brachte mich wieder in die Schule. Zur Lehrerin sagte sie:

Das Schwimmbad war riesig. Zwei Jungen kamen zu mir und fragten mich:

Ich nickte, sie nahmen mich an die Hand und wir liefen eine große Treppe hoch. Wir rutschten alle zusammen und schossen wie die Hechte durch die Röhre. Unten waren wir total verknotet. Einer der Jungen sagte:

Ich verstand. Wir gehörten nun zusammen.

Martin Baltscheit

Seite 194

In dieser Minute

In der Minute, die jetzt ist –
und die du gleich nachher vergisst,
geht ein Kamel auf allen vieren
im gelben Wüstensand spazieren

und auf den Nordpol fällt jetzt Schnee
und tief im Titicacasee
schwimmt eine lustige Forelle.

Und eine hurtige Gazelle
springt in Ägypten durch den Sand.
Und weiter weg im Abendland
schluckt jetzt ein Knabe Lebertran.

Und auf dem großen Ozean
fährt wohl ein Dampfer durch den Sturm.
In China kriecht ein Regenwurm
zu dieser Zeit zwei Zentimeter.

In Prag hat jemand Ziegenpeter
und in Amerika ist wer,
der trinkt grad seine Tasse leer,

KV 74

und hoch im Norden irgendwo,
da hustet jetzt ein Eskimo,
und in Australien – huhu –
springt aus dem Busch ein Känguru.

In Frankreich aber wächst ein Baum
ein kleines Stück, man sieht es kaum,
und in der großen Mongolei
schleckt eine Katze Hirsebrei.

Und hier bei uns, da bist nun du
und zappelst selber immerzu,
und wenn du das nicht tätest, wär
die Welt jetzt stiller als bisher!

Eva Rechlin

Wählen – Zählen – Abzählverse

Ene mene miste,
es rappelt in der Kiste.
Ene mene meg,
und du bist weg.

aus Deutschland

Eeny, meeny, miny, moe,
catch a tiger by the toe.
If he hollers, let him go,
eeny, meeny, miny, moe.

aus den USA

Ele mele dudki,
gospodarz malutki,
gospodyni jeszcze mniejsza,
ale za to robotniejsza.

aus Polen

Bir çik, iki çik,
üç çik, dört çik,
beş çik, alti çik,
yedi çik, sekiz çik,
dokuz çik, on çik,
sen gir, sen çik.

aus der Türkei

Morgen bringe ich noch mehr Abzählverse mit.

Anders als du

Ich bin anders als
du bist anders als
er ist anders als sie!

Sie ist anders als
er ist anders als
du bist anders als ich!

Wir, wir, wir sind anders als
ihr, ihr, ihr seid anders als wir.
Na und?
Das macht das Leben eben bunt!

Robert Metcalf

Max Ernst

Flügelschlagen

Atemberaubende Stille

Nebelschwaden

Tiefschwarze Nacht

Augen glühen

Schwingen gleiten lautlos

In eisiger Luft

Eulenschrei

Zilly, die Zauberin

Zilly, die Zauberin, wohnte in einem schwarzen Haus.
Das Haus war außen schwarz und innen schwarz.
In Zillys schwarzem Haus wohnte auch Zingaro,
ihr Kater. Er war ebenfalls schwarz.
Und das gab Probleme.

Wenn Zingaro auf dem Teppich lag und die Augen
offen hatte, konnte Zilly ihn sehen.
Das heißt, sie sah seine Augen.

Hatte Zingaro die Augen aber zu,
weil er schlafen wollte,
sah Zilly nichts mehr von ihm.
Und dann stolperte sie über ihn.

Eines Tages nach einem bösen Sturz,
beschloss Zilly, etwas zu unternehmen.
Sie schwang ihren Zauberstab,
und – ABRAKADABRA! –

Valerie Thomas

Zu einem Text schreiben
Seite 176

Hexen hexen

Der verrückten Zauberin Zilly wird es mit ihrem Kater niemals langweilig.
Was die beiden alles erleben, erfährst du in diesen und vielen anderen Zilly-Büchern.

Die kleine Hexe von Otfried Preußler ist mit ihren 127 Jahren eine sehr junge Hexe. So gern möchte sie an der Walpurgisnacht der großen Hexen teilnehmen. Doch das ist verboten. Ihr Rabe Abraxas warnt sie. Ob alles gut geht, kannst du auf dieser Hör-CD erfahren.

Die Hexe Lilli-Geschichten kannst du nicht nur lesen, sondern auch sehen.
Der Autor KNISTER hat viele Bücher über sie geschrieben.
„Der Drache und das magische Buch" wurde auch verfilmt.

Achtung! Spukzeit!

In der Nacht, in der Nacht,
wenn der bleiche Mond erwacht,
hört man vor des Schlosses Toren
grässlich grausliches Rumoren.
Eine Stimme zischelt: „Hier!
Schlossgespenster! Folget mir!
Es ist Spukzeit! Aufgewacht!
Horch! Gleich schlägt es Mitternacht!“

Da! Kaum hat es zwölf geschlagen,
geht's dem Schlossherrn an den Kragen.
Denn schon flitzen sie herbei
mit Gewimmer und Geschrei!
Flattern wild durch Tor und Fenster –
hundertdreizehn Schlossgespenster!
Rumpeln, pumpeln, kichern, keuchen!
Bis sie – hui! – ganz schnell entfleuchen.
Schluss! Die Spukzeit ist vorbei.
Morgen spuken sie aufs Neu.

Roswitha Fröhlich

Gespenster basteln

Das brauchst du:

Watte, ein Stück weißen Stoff (10 x 10 Zentimeter), einen Bindfaden, Wollfäden, eine Nadel, Klebstoff, ein Holzstückchen

So geht es:

① Forme aus der Watte eine Kugel.
② Lege den Stoff über die Kugel und binde sie ab.
Das ist der Kopf deines Gespenstes.
③ Ziehe mit der Nadel einen Faden durch den Kopf nach oben.
④ Mache in die Stoffecken Knoten.
⑤ Binde um die Knoten Fäden.
⑥ Male das Gesicht auf.
⑦ Klebe die Wollfäden als Haare an.
⑧ Binde die drei Fäden von Kopf, rechtem und linkem Arm
an das Stöckchen.

Die Trolle

Im Gebirge gibt es Trolle,
ungeschlachte, wilde, tolle!
Und sie heißen, wie man weiß:
Irxenknurz und Gschleiderkneis.

Alt sind sie vieltausend Jahre,
haben weiße Nebelhaare,
Kopf und Glieder wie aus Fels:
Hurax, Juch und Kraxengstelz.

Wenn die Donnerwetter blitzen,
sieht man sie im Regen sitzen
und sie lachen laut und wild:
Urbutz, Gruxenklach und Quillt.

Michael Ende

Einen Text mit Geräuschen begleiten
Seite 186

Minilexikon der Fantasiewesen

Troll

Ein Troll ist ein Riese mit gewaltiger Kraft. Der gigantische, oft bucklige Körper eines Trolls ist furchteinflößend. Er hat kurze, dicke Beine, aber lange Arme. Der Troll hat meist wenig Haare oder sogar eine Glatze. Besonders gefährlich sind Trolle, wenn sie eine Keule in der Hand halten.

Gespenst

Ein Gespenst oder Geist ist ein Wesen, das fliegen kann. Meist sieht es durchsichtig aus und hat keinen wirklichen Körper. Um Mitternacht, zur Geisterstunde, taucht es auf und spukt. Viele Gespenster hausen in alten Schlössern, Burgen oder Ruinen.

Drache

Ein Drache (lat.: draco) ist ein reptilienartiges Ungeheuer. Es hat einen schuppigen Körper, furchterregende Krallen und Flügel. Viele Drachen können fliegen, andere schwimmen, manche spucken Feuer. Einige Drachen leben in dunklen Höhlen und bewachen kostbare Schätze.

Hexe

Eine Hexe ist ...

Her mit den Prinzen!

Es war einmal ein König, der hatte eine Tochter. „Wer den Drachen in unserem Land besiegt, darf die Prinzessin heiraten!“, ließ der König eines Tages verkünden.

Vor dem Schloss warteten zwei Prinzen. Einzeln wurden sie zur Höhle des Drachen geschickt.

„Ich habe das ewige Kämpfen satt!“, fauchte der Drache den ersten Prinzen an. „Immer nur kämpfen! Lass uns um die Wette laufen. Wenn du schneller bist, hast du gewonnen.“ Der Prinz war einverstanden. Sie rannten dreimal um einen Felsen herum. Aber schon nach der ersten Runde hatte der Drache den Prinzen überholt.

Zum zweiten Prinzen sagte der Drache: „Kannst du einen Handstand auf einer Hand? Wenn ja, dann hast du gewonnen!“ Der Drache machte es ihm vor. Der Prinz versuchte es. Aber er war viel zu ungeschickt und fiel auf die Nase.

Die Prinzen zogen davon und man hörte nie wieder etwas von ihnen.

Nach sieben Tagen kam ein dritter Prinz. Auch er wurde zum Drachen geschickt. Der Drache blickte neugierig aus der Höhle. Der Prinz sah ihn lange an. „Gegen einen Drachen mit so schönen Augen kämpfe ich nicht“, sagte er. Er drehte sich um und ritt zurück ins Schloss.

„Mit der Hochzeit wird es nichts“, sagte der Prinz zum König. Noch bevor der erstaunte König antworten konnte, wurde die Tür zum Schlosssaal weit aufgerissen. Der Drache stürmte in den Saal. „Hilfe! Wache! Zu Hilfe!“, rief der König. Der Drache nahm den Kopf ab – und die Prinzessin kam zum Vorschein. „Ich war der Drache!“, rief sie. „Kannst du schnell laufen und einen Handstand auf einer Hand?“, fragte die Prinzessin den Prinzen. „Na ja“, sagte der Prinz. „Es geht so.“ Die Prinzessin dachte kurz nach. „Macht nichts“, seufzte sie. „Ich mag dich trotzdem.“

Heinz Janisch

Das Monster vom blauen Planeten

Auf dem Planeten Galabrazolus lebte einmal ein Junge namens Gobo. Als Gobo zu seinem zweihundertsten Geburtstag ein Raumschiff geschenkt bekam, beschloss er, sich ein Erdenmonster zu fangen.

Früh am Morgen startete er von den silbernen Hügeln seines Planeten. Er flog an unbekannten Sonnen vorbei, wich den Feuerschwänzen von Kometen aus und schwebte schließlich im gelben Licht einer fremden Sonne über dem blauen Planeten Erde. Gobo schaltete sein RTS (Raumschiff Tarnsystem) ein und ließ sich langsam durch die Atmosphäre hinabsinken.

Erst als die fremde Sonne fast unterging, entdeckte Gobo, was er suchte – ein Erdenmonster. Gobo ließ sein Raumschiff sacht hinunterschweben. Als er genau über dem Kopf des Monsters schwebte, schaltete er den Fangstrahl ein. Als Gobo das Monster mit dem Fangstrahl in einen Käfig setzte, machte es furchtbare Geräusche.

Er setzte seinen Übersetzungshelm auf, trat vorsichtig an den Käfig heran – und fuhr erschrocken zurück. „Du widerliches Monster!“, schrie ihn das kleine Scheusal an. „Lass mich sofort hier raus!“ „Wieso Monster?“, rief Gobo empört. „Du bist das Monster! Und von jetzt an bist du mein Haustier!“ „Was?“, fauchte das eklige bleiche Erdenmonster und rüttelte wütend an den Gitterstäben.

Dann hockte es sich plötzlich in eine Käfigecke und schluchzte los. „Ich will nach Hause!“ „Wie meinst du das, nach Hause?“, fragte Gobo ungläubig. „Monster haben kein Zuhause.“ „Du bist das Monster!“, schniefte das bleiche Wesen. „Und natürlich hast du keine Ahnung, was Zuhause heißt.“ „Unsinn!“, rief Gobo empört. „Mein Zuhause ist der Planet Galabrazolus. Er hat wunderbare silberne Berge und Meere, die wie buntes Glas schimmern. Er hat sieben Monde. Jeder hat eine andere Farbe.“ Das Erdenmonster hörte auf zu schluchzen und sah ihn erstaunt mit seinen zwei Augen an.

Cornelia Funke

Seite 196

Willst du wissen, wie es weitergeht? Dann lies nach in **Das Monster vom blauen Planeten**.

Der Grüffelo

Ein Stabpuppenspiel

Figuren: Fuchs, Maus, Schlange, Grüffelo und zwei Erzähler/innen

Erste Waldkulisse: Fuchs streift durch den Wald, Auftritt Maus

1. Erzähler/in:	Die Maus spazierte im Wald umher. Der Fuchs sah sie kommen und freute sich sehr.
Fuchs:	Hallo, kleine Maus, wohin geht die Reise? Bei mir im Bau gibt's Götterspeise.
Maus:	Schrecklich nett von dir, Fuchs, doch ich sag leider nein, ich muss schon zu Mittag beim Grüffelo sein.
Fuchs:	Beim Grüffelo? Sag, was ist das für ein Tier?
Maus:	Den kennst du nicht? Dann beschreib ich ihn dir: Er hat schreckliche Hauer und schreckliche Klauen und schreckliche Zähne, um Tiere zu kauen.
Fuchs:	Wo triffst du ihn denn?
Maus:	Gleich hier, bei dem Stein. Und Fuchsspieß zu Mittag, das fände er fein.
Fuchs:	Fuchsspieß? Nein danke! *(Abgang Fuchs)*
Maus:	Wie dumm von dem Fuchs! Er fürchtet sich so. Dabei gibt's ihn doch gar nicht, den Grüffelo!

Zweite Waldkulisse: Schlange kriecht durch das Unterholz, Auftritt Maus

2. Erzähler/in: Die Maus ging weiter im Wald umher.
Das sah eine Schlange und freute sich sehr.

Schlange: Hallo, kleine Maus! Komm mit in mein Nest,
wir feiern ein Schlangen-Mäuse-Fest.

Maus: Wie lieb von dir, Schlange, ich danke dir schön,
doch ich muss schon zur Feier beim Grüffelo gehen.

Schlange: Beim Grüffelo? Sag, was ist das für ein Tier?

Maus: Den kennst du nicht? Dann beschreib ich ihn dir:
Er hat feurige Augen, eine Zunge sooo lang
und Stacheln am Rücken, da wird's einem bang.

Schlange: Wo triffst du ihn denn?

Maus: Gleich hier unten am See.
Und am liebsten verzehrt er Schlangenpüree.

Schlange: Schlangenpüree – oh, ich muss schnell nach Haus!

2. Erzähler/in: Damit glitt sie ins Holz.

Schlange: Mach's gut, kleine Maus! *(Abgang Schlange)*

Maus: Wie dumm von der Schlange! Sie fürchtet sich so.
Dabei gibt's ihn doch gar nicht, den Grüffel … oh!

(Auftritt Grüffelo)

Maus: O Schreck, o Graus, ich fürchte mich so,
es gibt ihn doch, den Grüffelo!

Julia Donaldson

Seite 195

Quint Buchholz

Traumbuch

Ich wollte schon immer ein Vogel sein.
Gestern im Traum bin ich einer gewesen.
Ich saß im höchsten Buchenbaum
und habe – was sonst? – ein Buch gelesen.

Es war ein Buch nach Vogelart,
mal federleicht, mal flügelschwer.
Ich flog mit ihm im Traum davon
und wollte immer mehr!

Als dann der Traum zu Ende war,
bin ich kein Vogel mehr gewesen.
Geflogen bin ich immer noch,
hab einfach weiter gelesen.

Inge Meyer-Dietrich

Das kleine Buch

Ich nahm das kleine Buch zur Hand.
Mir wurden die Augen groß,
weil alles ringsumher verschwand.
Und schon ging die Reise los.

Frantz Wittkamp

Zwischen zwei Buchdeckeln

Zwischen zwei Buchdeckeln lebte eine Geschichte.
Sie war noch nicht fertig.
Draußen warteten ein trauriges
und ein glückliches Ende auf Einlass.
Jedes wollte rein.
Die beiden gerieten in Streit.
Geht jetzt diese Geschichte gut aus –
oder nicht?

Jürgen Spohn

Giselher, das Gürteltier

Giselher, das Gürteltier,
liest jede Nacht bis gegen vier.

Friedegund, die Fledermaus,
kennt sich mit Rätselbüchern aus.

Zeno, der Zitronenfalter,
ist recht belesen für sein Alter.

Peter Paul, der Pelikan,
greift am liebsten zum Roman.

Rolf, der Rotschwanzpapagei,
hat stets ein Liederbuch dabei.

Paul Maar

Seite 197

Fred und die Bücherkiste

Fred hatte auf dem Dachboden eine Kiste mit alten Büchern gefunden. Und weil es noch zu früh zum Schlafen war, konnte er genauso gut sofort herausfinden, ob die Bücher etwas taugten.

Buch Nummer eins spielte in den wilden Wäldern des hohen Nordens. Gefährliche Tiere schlichen von Baum zu Baum und suchten nach etwas zu fressen. „Langweilig“, sagte Fred. „Tiergeschichten habe ich noch nie gemocht.“

Also nahm er Buch Nummer zwei aus der Kiste. „Aha. Ein Krimi.“ Und was für einer! Gleich im ersten Kapitel wurde es richtig spannend. Der Detektiv war in eine finstere Hafengegend gelockt worden. Hier wartete ein schwer bewaffneter Bandit und führte nichts Gutes im Schilde. Und da hatte Fred auch schon genug und legte Buch Nummer zwei beiseite.

Buch Nummer drei sah viel harmloser aus. „Ein richtiges Kinderbuch. Hm … mal sehen.“ Das Buch handelte von einem kleinen Mädchen und einem kleinen Hund, der allerdings so klein war, dass er nicht weiter störte. Aber dann gab es einen Sturm, der das kleine Mädchen, den kleinen Hund und das kleine Haus, in dem sie wohnten, mit sich forttrug. „Fliegende Häuser! So ein Quatsch!“, sagte Fred und legte das Buch enttäuscht zur Seite.

Das letzte Buch war ein Märchenbuch. Und zwar ein außerordentlich spannendes: Ein kleiner Junge war von furchtbaren Ungeheuern gefangen worden, die jede Menge übler Kunststücke beherrschten. Und dann, gerade an der spannendsten Stelle, als Fred unbedingt wissen wollte, wie es weitergehen würde, hörte die Geschichte auf, weil der kleine Junge alles nur geträumt hatte. Und Fred konnte es nicht fassen! „VON ALLEN BILLIGEN TRICKS IST DAS JA WOHL DER BILLIGSTE! ALLES NUR GETRÄUMT! Nein danke“, sagte Fred. „Jetzt reicht’s. Schluss, aus, Ende. Das war’s.“

Ole Könnecke

Einen Text in Bildern darstellen
Seite 182

www.antolin.de

Wer bin ich?

Man kennt mich auf der ganzen Welt.
In jedem Land klingt mein Name etwas anders.
Ab und zu hebe ich zum Spaß mein Pferd in die Luft.
Spaghetti schneide ich am liebsten
mit der Schere klein.
In meinem kunterbunten Haus ist immer etwas los.

Ein guter Reim – ja, das ist fein!
Du erkennst mich an meinen blauen Punkten im Gesicht.
Oder auch an dem schönen Taucheranzug,
den mein Papa mir gekauft hat.
Meine Lieblingsbeschäftigung außer dem Reimen
ist Essen. Hunger habe ich eigentlich immer.

Ich bin immer auf der Suche nach kostbaren Schätzen.
Meistens nehme ich Dinge, die anderen gehören.
Das ist nämlich mein Beruf. Nicht alle finden ihn gut.
Ein dicker Wachtmeister will mich einfangen.
Aber weder er noch die zwei Jungen
mit den blöden Mützen werden mich fangen können.

In der Bücherei

Annick und David sind zum ersten Mal in der Bücherei. Sie suchen die Kinderbuchabteilung.

Dort gibt es so viele Bücher! Zum Glück kommt ihnen eine Frau entgegen. „Kann ich euch helfen?“, fragt sie die beiden Kinder freundlich.
„Wie können wir denn hier mein Lieblingsbuch finden?“, fragt David.

Die Bibliothekarin antwortet: „Du siehst, dass jedes Buch einen Aufkleber auf dem Rücken hat. Darauf steht in einer Abkürzung, wer das Buch geschrieben hat. Die Nummern sagen, wo diese Bücher stehen sollen. So findet man sie wieder, wenn man sie im Computer gesucht hat. Komm mal mit zum Computer. Ich gebe den Titel ein. Ich schaue für dich nach, wo das Buch steht.“

„Das Buch, das ich suche, heißt ‚Alles über Autos‘“, sagt David.
„Dieses Buch ist ein Sachbuch und steht in dem Regal zum Thema Technik“, lächelt die Bibliothekarin.
Schon ist David verschwunden.

Das Bücherkamel

In Kenia leben viele Menschen, die nicht lesen können. Sie haben keine Möglichkeit, an Bücher zu gelangen. Um dies zu ändern, machen sich seit einigen Jahren die Bücherkamele auf den Weg.

In der Stadtbücherei in Garissa werden zwei Kisten mit Büchern gefüllt. Die Kamele bringen sie durch die Wüste zu den Schulen.

Die Kinder freuen sich jedes Mal, wenn die Kamele dort ankommen. Alle Bücher werden auf Matten ausgelegt. Sobald alles bereit ist, kommen die Schüler. Jedes Kind greift sich ein Buch.

Die Köpfe gesenkt, sitzen sie nebeneinander und lesen. Manchmal stupst ein Kind ein anderes an, zeigt ein Bild in seinem Buch. Manche lesen mit leiser Stimme mit.

Eigene Bücher zu Hause, das kennen die Kinder nicht. Umso kostbarer ist die Lesezeit.

Nicola Meier

Interview mit Bart Moeyaert

Wo lesen Sie? Was lesen Sie am liebsten?

Meistens lese ich im Bett. Am liebsten mag ich Bücher, die mir Raum für meine eigenen Gedanken lassen.

Was raten Sie Kindern, die nicht gern lesen?

Wer nicht gern liest, sollte sich von Menschen anstecken lassen, die wirklich begeistert lesen. Ich bin sicher, dass niemand ein Leser werden kann, wenn er zum Lesen gezwungen wird.

Wie sind Sie Schriftsteller geworden?

Ich habe früh angefangen zu schreiben: über Menschen, wie sie zusammen leben und was sie mit anderen erleben. Manche Geschichten wie die Geschichten in „Mut für drei" haben mit meinen eigenen Erlebnissen oder Erfahrungen zu tun.

Können Sie dafür ein Beispiel geben?

In der Geschichte „Eine Grube zum Wohnen" wird Tom von seiner Mutter weggeschickt, weil er sie nervt. Wir waren zu Hause sieben Kinder. Ich war der Jüngste. Da wurde ich, wenn meine Mutter genug von uns Kindern hatte, auch schon mal weggeschickt. Und ich habe immer schon gern gelesen. So wie der Junge, den Tom in der Geschichte kennenlernt.

Der sprechende Baum

Tom schaut nach oben. Der Hals tut ihm schon weh. Er bleibt ganz still. Er wagt fast nicht zu atmen. Die Blätter bewegen sich im Wind. Die Elster krächzt. Das ist alles. „Ist da jemand?“, ruft Tom. Seine Stimme zittert. „Wer ist da?“, ruft er. Er wird ein bisschen böse. „Niemand“, klingt es genauso böse zurück. „Lass mich in Ruhe!“ Es ist, als würde der Baum reden. Tom weiß nicht, was er denken soll. „Was tust du da oben?“, ruft er hinauf. „Nichts“, sagt die Stimme. „Es ist geheim. Topgeheim. Lass mich in Ruhe!“ Tom starrt nach oben. Sein Herz setzt einen Schlag aus. „Ich …“, fängt er an. Aber die Stimme kommt ihm zuvor. „Wage es ja nicht, heraufzukommen!“

Bart Moeyaert

Seite 197

Wer sitzt da oben und tut so geheimnisvoll? Finde es mit Tom heraus und lies nach in **Mut für drei**.

Ein Buch für Bruno

Ulla Herz war gerne zu Hause. Den ganzen Tag konnte sie in der Bibliothek ihres Vaters sitzen, ohne sich zu langweilen. Sie las oder dachte nach oder sah sich die Bilder in den Büchern an.

Bruno Würfel kam jeden Tag am Haus der Familie Herz vorbei. Er hatte für Ulla nicht besonders viel übrig. Wenn er aber etwas Neues hatte, einen Aufkleber, ein T-Shirt, eine Kappe oder einen Gürtel, dann klingelte er, kam kurz herein, und Ulla musste sagen, wie sie das Neueste fände. Sie konnte ihn trotzdem gut leiden und hätte sehr gerne gehabt, dass er länger geblieben wäre. Deshalb versuchte sie es eines Tages mit dem Buch.

Ulla musste lange warten, bis Bruno wieder vorbeikam. Er hatte anscheinend Geburtstag gehabt, und fast alles an ihm war neu: Hose, Pullover, Schuhe und noch dazu ein Rollbrett. „Schön“, sagte Ulla.

Bruno fuhr im Zimmer auf und ab,
damit sie alles gut sehen konnte,
dann steuerte er zur Tür.
Aber Ulla stellte sich so vor ihn hin,
dass er das Pflaster einfach sehen musste.
Und er sah tatsächlich hin!

„Schlangenbiss“, sagte sie und wartete.
„Hier in der Wohnung?“, sagte Bruno
und stieg vom Brett.
„Ja, aber sie kam aus dem Buch ...“, sagte Ulla.
„Aus welchem denn?“, fragte Bruno.
Da holte Ulla tief Luft: „Da oben, das blaue.
Ich glaube, es ist ein Zauberbuch.
Alles da drin kann lebendig werden,
nicht nur die Schlange.
Man muss sehr vorsichtig lesen …“
„Glaub ich nicht“, sagte Bruno. „Zeig!“

Ulla stieg auf die Leiter
und holte aus dem letzten Regalbrett das Buch.
Sie legte es auf den Boden
und schlug vorsichtig den Buchdeckel um.
Das Buch war jetzt so breit,
dass beide nebeneinander hineinsehen konnten.
„Das kann man ja gar nicht lesen“, sagte Bruno
und zeigte auf die fremde Schrift.
„Ich schon“, sagte Ulla. „Hör zu.“

Und sie fing an,
leise vorzulesen …

Nikolaus Heidelbach

Was steht in
dem Zauberbuch?
Lies nach in
Ein Buch für Bruno.

René Magritte

Wir kamen
vollkommen
ahnungslos
und blieben
wie angewurzelt stehen,

die Augen
wurden uns riesengroß,
wir hatten
dergleichen
noch nie gesehen.

Frantz Wittkamp

Die große Frage

Sagt der Bruder: „Um Geburtstag zu feiern, bist du auf der Welt."
Sagt der Tod: „Du bist auf der Welt, um das Leben zu lieben."
Sagt der Stein: „Du bist da, um da zu sein."
Sagt der Gärtner: „Um Geduld zu haben, bist du auf der Welt."
Sagt der Blinde: „Du bist auf der Welt, um zu vertrauen."
Sagt die Ente: „Ich habe überhaupt keine Ahnung."
Sagt die Schwester: „Um dich selbst lieb zu haben."
Sagt der Boxer: „Du bist da, um zu kämpfen."

„Du bist da, weil ich dich lieb habe."

Wolf Erlbruch

Kleine Fragen?

Kann irgendwer wissen, was ich denke?

Wie können meine Beine dahin gehen, wohin ich will,
während ich an etwas ganz anderes denke?

Woran liegt es, dass ich etwas vergesse?

Und woran, dass es mir
plötzlich wieder einfällt?

Warum träume ich?

Jostein Gaarder

Weitere Fragen und Bilder zum Nachdenken findest du in dem Buch **Fragen fragen**.

He, kleine Ameise!

He, kleine Ameise, kannst du mich hören?
Ich hab' große Lust, dich gewaltig zu stören!
Gleich heb' ich den Fuß, tret' zu mit dem Schuh:
denn ich bin der Große, die Kleine bist du!

Bitte, oh bitte, tu mir nicht weh,
du bist gar nicht böse, soweit ich das seh'!

Ich tret' auf dich drauf, nur so zum Spaß,
ein Winzling wie du, der fühlt nicht mal was.

Wir sind doch ganz ähnlich, komm näher und schau,
heb mich auf mit dem Stock, es wird mir nicht flau!

Ja, bist du verrückt? ICH bin wie DU?
Ich hab' ein Zuhaus und Familie dazu.

Verzeihung, großer Freund, du redest nur Quark,
meine Familie braucht mich, auch ich bin stark.

Du siehst meine Freunde, sie hören uns zu
und rufen im Chor: „Los, drauf mit dem Schuh!“

Ich sehe genau, dass du groß und sehr stark bist,
entscheide du selber, was richtig, was falsch ist.
Wenn DU ich wärst und ICH wäre du,
was sollte ich machen mit meinem Schuh?

Wie geht es jetzt weiter? DU sollst es entscheiden.
Kann eine Ameise wirklich leiden?
Was sollt ihr nun machen, das Kind und du?
Sag schon: Würdest DU treten mit deinem Schuh?

Phillip und Hannah Hoose

Der kleine Herr Paul

Der kleine Herr Paul ist klein.
Alle anderen sind größer.
Autos sind größer, Häuser und Wolken.
Sogar unbedeutende Dinge sind größer
als der kleine Herr Paul. Manchmal
wäre der kleine Herr Paul gerne größer.

Der kleine Herr Paul ist schwach.
Alle anderen sind stärker. Bauarbeiter
sind stärker, Bagger, Bären und Bäume.
Manchmal wäre der kleine Herr Paul
gerne stärker.

Alle anderen sind groß.
Der kleine Herr Paul ist klein.
Es ist nicht leicht, so klein zu sein.
Es ist nicht leicht, zu groß zu sein.
Klein sein ist wie groß sein,
bloß umgekehrt. Schwach sein
ist wie stark sein, bloß umgekehrt.
Die Erde dreht sich um sich selbst,
und jeder findet seinen Platz.
Mal groß, mal klein, mal umgekehrt.

Martin Baltscheit

Seite 194

Mit anderen über einen Text sprechen Seite 180

Das ist kein Karton

Warum sitzt du in einem Karton?

Das ist kein Karton.

Was machst du da oben auf dem Karton?

Das ist kein Karton.

Stehst du immer noch in dem Karton rum?

NEIN, NEIN, NEIN, das ist kein Karton!

Antoinette Portis

Geniale Einfälle

Viele Gegenstände wie Zahnbürsten oder Glühbirnen sind aus unserem Alltag nicht mehr wegzudenken. Trotzdem mussten sie erst erfunden werden. Einige Erfindungen gibt es schon seit Hunderten von Jahren, andere hingegen sind noch ziemlich neu.

Die Erfindung der „skaites“ liegt schon über 250 Jahre zurück. Der Belgier Jean-Joseph Merlin erfand 1760 diese Konstruktion von zwei hintereinander befestigten Rollen. Diese Rollen wurden unter die Schuhe geschnallt und fertig waren die Fußfahrräder.

Bei der ersten Vorführung seiner speziellen Rollschuhe sorgte Herr Merlin auf einer Tanzveranstaltung für erstaunte Gesichter. Er fuhr mit den Rollschuhen und spielte gleichzeitig Geige. Da er jedoch nicht bremsen oder ausweichen konnte, fuhr er direkt in einen riesigen Spiegel.

Michelle Ferber

Die Aufweckmaschine

Hundert Kinder aus Deutschland haben einen Erfinderwettbewerb gewonnen. Alle Gewinner haben anschließend gemeinsam eine Fantasiemaschine gebaut. So ist die „Aufweckmaschine“ entstanden.

Nun soll Jan die Maschine in Gang setzen und ist ganz aufgeregt. Er legt eine Wippe um und bringt dadurch einen kleinen Ball ins Rollen. Der fällt von der Wippe auf einen Schalter. Der Schalter startet einen Ventilator. Der Ventilator dreht sich und zieht dadurch an einem Faden.

Der Faden ist an einer Schere befestigt, und durch die Kraft schnappt die Schere zu und schneidet einen anderen Faden durch.

Und so geht es noch weiter, etwa sechzehn Meter und zwei Minuten lang. Eine Reaktion löst die nächste aus – und das mit jeder Menge Krach. Luftballons platzen, eine Sirene geht los, hier und da kracht es gehörig. Und das ist auch im Sinne der Erfinder, schließlich sollte die Maschine ein großer Wecker werden. Doch nun ist sie so groß, dass sie in kein Kinderzimmer mehr passt.

Dorothea Szymanski

Gute Nacht, Carola!

Carola hätte nicht sagen können, warum sie in dieser Nacht wach lag. Aber weil sie war, wie sie war, machte sie sich auch keine großen Gedanken deswegen.

Da hörte sie plötzlich aus dem Dunkeln eine tiefe, grauenvolle Stimme. „Carola!“, sagte die Stimme.
„Was gibt's?“
„Erschrickst du denn gar nicht, wenn plötzlich mitten in der Nacht eine unheimliche, grausige Stimme zu dir spricht?“, wunderte sich die Stimme.
„Nein“, sagte Carola. „Aber mach dir keine Gedanken deswegen, ich erschrecke mich nämlich nie.“
Dabei schaute sie neugierig in der Dunkelheit umher, um herauszufinden, woher die Stimme kam.

Endlich entdeckte sie unter ihrem Bett zwei Augen, die wach aus dem Dunkeln hervorleuchteten.
„Ach, da bist du!“, sagte Carola.

KV 91 | 31

„Aber hast du denn gar keine Angst vor mir?“, fragte das Wesen verwundert. „Nein“, sagte Carola unbekümmert. „Dann wird es heute anders werden!“, donnerte das Wesen besonders laut, um sie zu erschrecken.

Carola erschrak aber nicht. „Wieso wird es heute anders werden?“, fragte sie. „Weil ich das Böse bin“, antwortete das Wesen. „Was soll das heißen: das Böse?“ „Ich bin einfach das Böse. Das ganz und gar Grundböse“, versuchte das Wesen zu erklären. „Aha. Und seit wann bist du böse?“, erkundigte sich Carola. „Seit mehr als tausend Jahren!“, sagte das Wesen voller Stolz.

Carola dachte nach. „Soll ich dir mal meine Meinung sagen? Für mich bist du nicht böse, sondern einfach nur bockig. Ich bin ja auch mal böse, wenn es zum Beispiel etwas mit Käse zu Mittag gibt. Aber nach fünf Minuten ist es dann auch wieder gut. Höchstens zehn Minuten. Aber tausend Jahre? Tausend Jahre böse sein? Das ist doch total blöd! Weißt du was? Für mich bist du nicht das Böse an sich, sondern nur sehr, sehr bockig!“

Eine Zeit lang war es still. Dann hörte Carola erst leise, dann immer lauter werdend ein Kichern.

Jakob Hein und Kurt Krömer

Ob das Böse immer noch unter Carolas Bett schläft, erfährst du in dem Buch **Gute Nacht, Carola**.

Ein schräger Vogel

1. Sprecher/in: Robert ist ein fröhlicher Rabe.
Robert singt Lieder und erzählt Witze,
Robert tanzt und verkleidet sich.

2. Sprecher/in: Doch wenn Robert singt,
halten sich alle die Ohren zu, weil er so falsch singt.
Wenn Robert sich bunt kleidet, lächeln sie mitleidig,
weil Schwarz doch die einzige und schönste Farbe
für einen Raben ist.

3. Sprecher/in: Robert macht einfach alles anders.
Und alle lachen über ihn. Denn Raben wissen,
wie man sich anzieht und wie man singt
und worüber man lacht. Raben wissen genau,
was sich gehört und was nicht.

4. Sprecher/in: Eines Abends versammeln sich
die Raben zum Abendkonzert.
Robert verkleidet sich als Pfau und singt.
Nun haben die Raben endgültig den Schnabel voll.

Raben *(krächzen böse)*:
Flieg weg, weit, weit weg
und belästige uns
nie wieder!

5. Sprecher/in: Traurig packt Robert seine Koffer
und verabschiedet sich. Er fliegt weit, weit fort.
Als er müde wird, rastet er auf einem Baum.
Damit er sich nicht einsam fühlt, singt er ein Lied.
Erst kommt ein Vogel, dann zwei, dann drei
und immer mehr. Sie lassen sich
in den Zweigen nieder, um ihm zuzuhören.

Vögel *(rufen begeistert)*:
Bravo! Wunderbar, Zugabe!

6. Sprecher/in: Robert ist sehr überrascht.
Doch dann zeigt er, was er alles kann.
Er singt, er erzählt Witze, er tanzt
und wechselt viele Male das Kostüm.
Die Vögel sind begeistert und klatschen.
Robert ist glücklich.

Helga Bansch

René Magritte

Vom Frühling zum Winter

Vom Frühling zum Sommer,
vom Sommer zum Herbst,
vom Herbst zum Winter,
da braucht es viel Zeit.

Ganz langsam werden die Blumen bunt.
Ganz langsam werden die Birnen süß.
Ganz langsam fallen die Blätter ab.
Ganz langsam kommt über die Berge der Schnee.

Elisabeth Borchers

Meehr!!

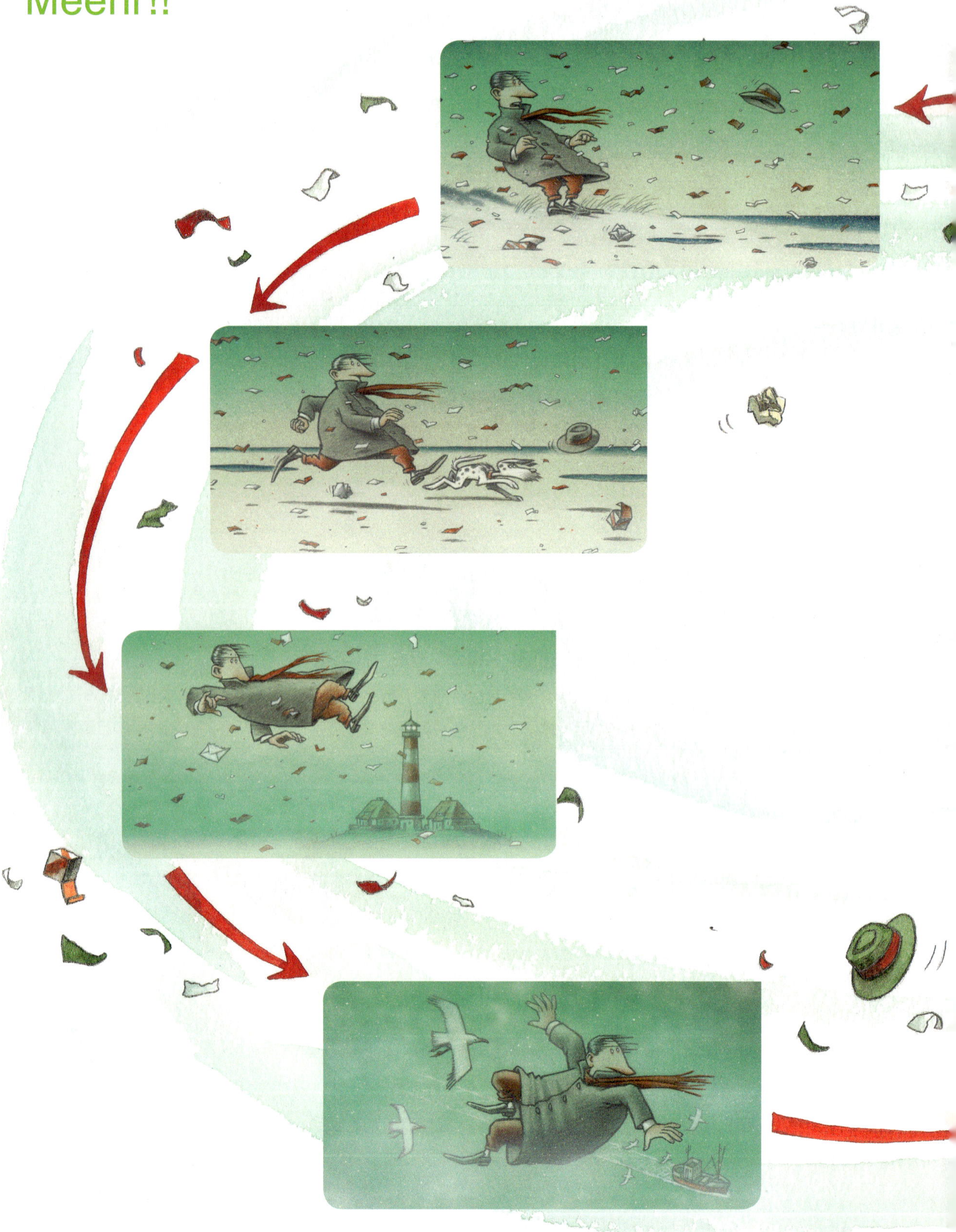

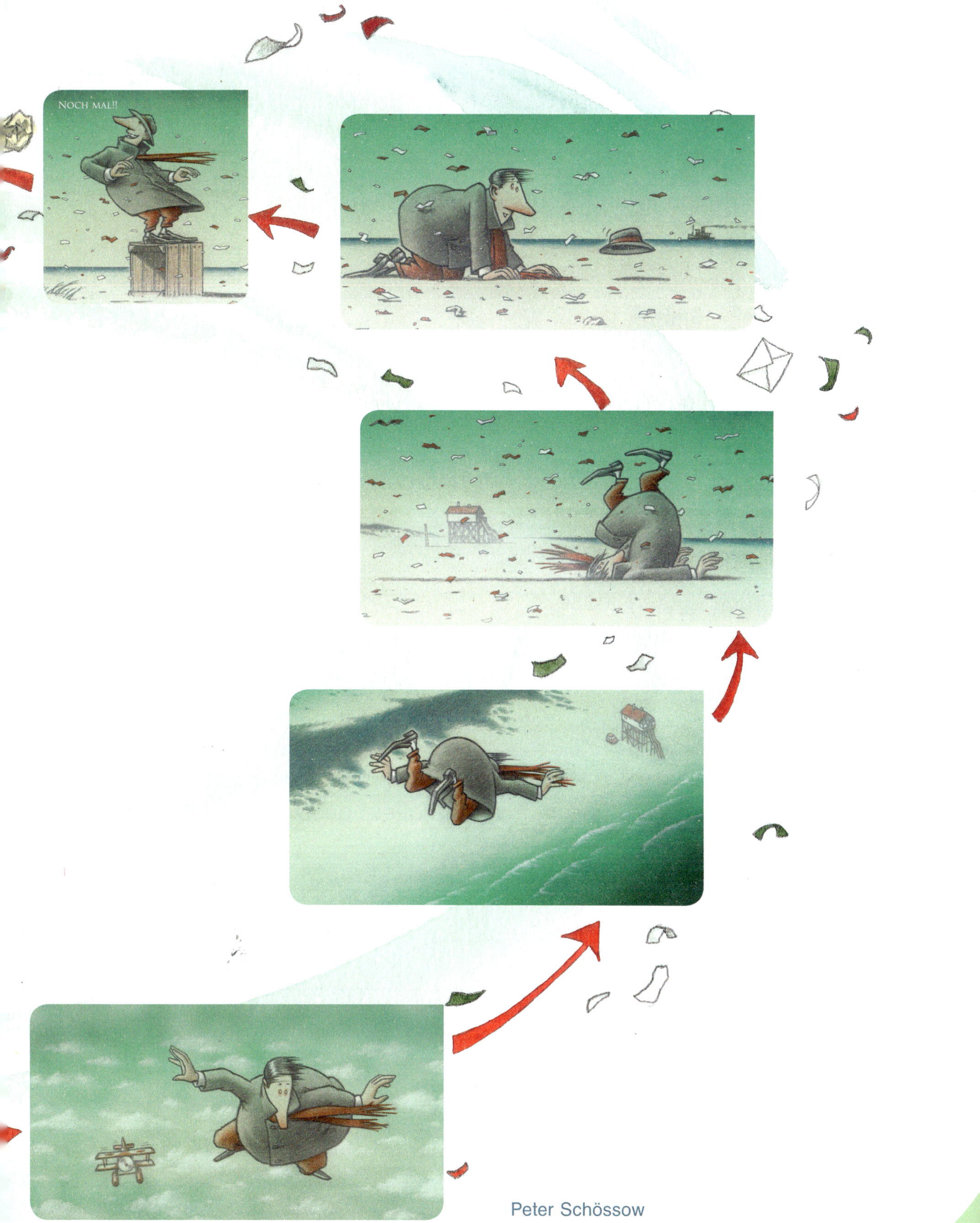

Peter Schössow

Regentropfen-Fangen

Das braucht ihr:

- regenfeste Kleidung und Schuhe (am besten Gummistiefel) 
- Plastikbecher 
- einen Messbecher 
- einen richtig heftigen Regenschauer

So wird es gemacht:

1. Alle ziehen sich regenfest an.
2. Jeder nimmt einen Plastikbecher und geht nach draußen.
3. Versucht, in etwa fünf Minuten so viele Regentropfen wie möglich zu fangen.
4. Geht zurück in die Klasse.
   Messt, wie viel Regenwasser ihr gesammelt habt.

Tipp: Ihr habt zwei Möglichkeiten, das Wasser zu messen:

 Jedes Kind misst, wie viel es allein gesammelt hat.

 Alle Tropfen werden zusammen gemessen.

Abends, wenn es dunkel wird

Abends, wenn es dunkel wird
und die Fledermaus schon schwirrt,
zieh'n wir mit Laternen aus
in den Garten hinterm Haus.
Und im Auf- und Niederwallen
lassen wir das Lied erschallen:
Laterne, Laterne, Sonne, Mond und Sterne.

Plötzlich aus dem Wolkentor,
kommt der gute Mond hervor,
wandelt seine Himmelsbahn
wie ein Haupt-Laternenmann.
Leuchtet bei dem Sterngefunkel
lieblich aus dem blauen Dunkel:
Laterne, Laterne, Sonne, Mond und Sterne.

Ei, nun gehen wir nach Haus,
blasen die Laternen aus,
lassen Mond und Sternlein
leuchten in der Nacht allein,
bis die Sonne wird erwachen,
alle Lampen auszumachen:
Laterne, Laterne, Sonne, Mond und Sterne.

Heinrich Seidel

Vogelabschied

Es kommt die Zeit,
es kommt die Zeit,
wir ordnen uns zu Zügen.
Wir müssen weit,
wir müssen weit,
und fliegen, fliegen, fliegen.

Es fällt so schwer,
es fällt so schwer,
zu scheiden, liebe Kinder.
Wir fürchten sehr,
wir fürchten sehr,
den Winter, Winter, Winter.

Bruno Horst Bull

Schneeflöckchen, Weißröckchen

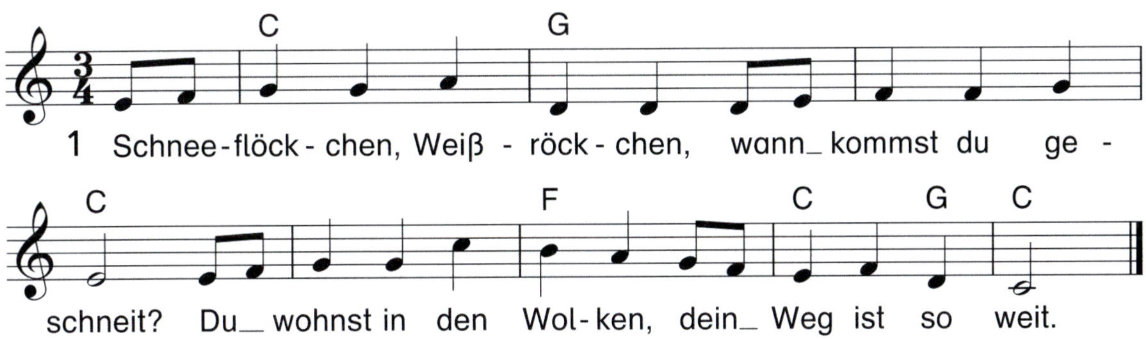

2 Komm, setz dich ans Fenster,
du lieblicher Stern,
malst Blumen und Blätter,
wir haben dich gern.

3 Schneeflöckchen, du deckst uns
die Blümelein zu,
dann schlafen sie sicher
in himmlischer Ruh'.

4 Schneeflöckchen, Weißröckchen,
komm zu uns ins Tal.
Dann bau'n wir den Schneemann
und werfen den Ball.

Winterrätsel

Ich bin ein Baum, hab keine Blätter,
bin immer grün, bei jedem Wetter.
Doch wenn erst Weihnachten wird sein,
werd ich geschmückt von Groß und Klein.

Weiß wie Kreide,
leicht wie Flaum,
zart wie Seide,
feucht wie Schaum.

Stand ein Ries‘, aus Eis gemacht,
grimmig auf den Beinen,
aber als die Sonn‘ gelacht,
fing er an zu weinen.

Nikolaus

Vor vielen, vielen Jahren wurde in einer kleinen Stadt in der Türkei ein Junge geboren. Als er in etwa so alt war wie du jetzt, starben seine Eltern. Sie hinterließen ihm viel Geld. Er verschenkte alles an die Armen. Später wurde er Bischof. Er soll an einem 6. Dezember gestorben sein. Seitdem wird an diesem Tag an ihn gedacht.

In Deutschland besucht er die Kinder als Nikolaus und in den Niederlanden als Sinterklaas. In Luxemburg wird er Kleeschen genannt, in Dänemark Julemand und in Italien San Nicola.

Du kannst ihm übrigens schreiben und bekommst eine Antwort von ihm.

Anton und das Weihnachtsgeschenk

Einmal ging ich spazieren, und Gustav Bär kam mit. Plötzlich fiel ein Paket vom Himmel. „Halt, Sie haben etwas verloren!“, rief ich. Aber der Schlitten, von dem das Paket gefallen war, flog einfach weiter.

Und dann fing es an zu schneien. Es schneite und schneite und schneite immer mehr. Aber das Paket! Wir mussten es doch zurückgeben! Und der Schlitten war jetzt ganz weit weg. Da fingen wir an zu laufen.

Zuerst ging es bergauf. Das war schwer. Dann ging es bergab. Das war leicht. So leicht, dass ich immer schneller lief. Und dann stolperte ich, und das Paket fiel mir aus den Händen und purzelte den Berg hinunter. Wir konnten gerade noch hinterherspringen.

Dann kam ein Elch vorbei. „Was ist denn mit euch los?“, fragte er. Da erzählte ich ihm von dem Paket und von dem Schlitten.

„War das so ein roter, der durch die Luft fliegt?“, fragte der Elch. „Genau so einer“, sagte ich. „Den hab ich gerade erst gesehen“, sagte der Elch. „Dort hinten im Wald. Soll ich euch hinbringen?“ „JA!“, rief ich.

Der Elch ließ uns auf seinen Rücken klettern und wir ritten durch den Wald. Und da! Da war der Schlitten. Der Elch hatte recht gehabt. Der Schlitten flog jetzt immer langsamer und immer tiefer. Und dann landete er. Genau vor unserem Haus!

„Ihr Paket!“, rief ich. „Wieso meins? Schau mal, da steht doch dein Name drauf.“ Und das stimmte. Dann flog der Schlitten davon, und ich nahm das Paket, und wir gingen ins Haus. Und in dem Paket war genau das, was ich mir gewünscht hatte.

Ole Könnecke

Vom Christkind

Denkt euch, ich habe das Christkind gesehen!
Es kam aus dem Walde, das Mützchen voll Schnee,
mit rot gefrorenem Näschen.
Die kleinen Hände taten ihm weh,
denn es trug einen Sack, der war gar schwer,
schleppte und polterte hinter ihm her.
Was drin war, möchtet ihr wissen?
Ihr Naseweise, ihr Schelmenpack –
denkt ihr, er wäre offen, der Sack?
Zugebunden bis oben hin!
Doch war gewiss etwas Schönes drin!
Es roch so nach Äpfeln und Nüssen!

Anna Ritter

Einen Text vorlesen
Seite 172

Blühende Frühlingsboten

Am Ende des Winters finden wir in der Natur die ersten blühenden Pflanzen. Man nennt sie Frühblüher. Da die Bäume noch keine Blätter tragen, kann das Sonnenlicht den Boden noch erreichen. Die Frühblüher nutzen das Sonnenlicht und die spärliche Wärme, um Samen zu bilden. Dazu gehören zum Beispiel Schneeglöckchen, Krokus oder Narzisse. Sie kündigen uns das nahende Frühjahr an. Die meisten dieser Arten speichern wichtige Nährstoffe in Zwiebeln oder Wurzelknollen. Dadurch können sie sehr schnell Stängel, Blätter und Blüten austreiben. So sind sie nicht auf Nahrung aus dem Boden angewiesen.

Das Ostertier

Es ist bestimmt ein paar hundert Jahre her, da wusste man noch nicht, wer den Kindern zu Ostern die Ostereier bringen sollte. Deshalb kamen die Tiere des Waldes, des Feldes und des Bauernhofs zusammen, um das Ostertier zu wählen. „Wir, wir, wir!“, riefen alle. Es war ein schrecklicher Lärm. Also, einer nach dem andern!

„Wir als Osterschnecken“, riefen die Schnecken, „wir kennen alle Plätze und können die Eier am besten verstecken!“

„Und wenn ihr damit fertig seid, ist es bestimmt schon Weihnachten. Osterschnecken, so was Dummes!“

Da schlichen die Schnecken beleidigt davon.

„Wir als Osterhühner“, riefen die Hühner, „wir verstehen am meisten vom Eierlegen.“

„Und dann setzt ihr euch womöglich drauf und wollt sie ausbrüten. Osterhühner, Unsinn!“

Da scharrten die Hühner verlegen und gingen heim.

Doch wie den Osterschnecken und den Osterhühnern,
so ging es auch den übrigen Tieren.
Die Fische waren zu nass als Osterfische.
Die Gänse würden als Ostergänse ihren Schnabel
nicht halten können und alles verraten.

Alle waren sie beleidigt und flogen, trotteten,
schwammen und watschelten nach Hause.

„Wir, wir, wir!“, riefen am Schluss noch die Hasen.
Dann sahen sie sich verwundert um.
Da war kein anderes Tier mehr,
das „Nein! Blödsinn!“ oder Ähnliches rief.
Da war sonst überhaupt niemand mehr.

„Osterhase, das klingt gut!“

Norbert Landa

Der Frühling

Mit duftenden Veilchen komm ich gezogen,
auf holzbraunen Käfern komm ich gebrummt,
mit singenden Schwalben komm ich geflogen,
auf goldenen Bienen komm ich gesummt.
Jedermann fragt sich,
wie das geschah:
Auf einmal
bin ich
da!

Mascha Kaléko

Ein Gedicht
auswendig vortragen
Seite 188

April! April!

Morgenssonne
mittagsschnee
unddannwieder
sturmoje
einmalregen
plötzlichheiß
soeinwetter
niemandweiß
wasderunfug
wirklichsoll
istdieweltdenn
plötzlichtoll
gottseidankweiß
jedeskind
esistder A
PRIL derspinnt

Walter Mahringer

Willi im Schwimmbad

Willi traute sich viel, aber er traute sich nicht ins Wasser. Willi war ein begeisterter Nichtschwimmer. Genau genommen war er sogar ein begeisterter Nicht-ins-Wasser-Geher.

„Das wollen wir doch mal sehen“, sagte Papa. Er kaufte eine Eintrittskarte. „Hast du meine Sachen dabei?“, fragte Willi. „Logo! Alles“, sagte Papa. Und dann packte er die ganze Ausrüstung aus.

Er blies Schwimmflügel auf und steckte sie auf Willis Arme. Er setzte ihm die Schwimmbrille auf. Dann zog er ihm eine Badekappe über. Und dann schnallte er ihm noch den Schwimmgürtel um den Bauch.

„Jetzt aber los!“, sagte Papa. „Erst noch die Badeschuhe“, sagte Willi. „So, jetzt haben wir alles“, sagte Papa. Er nahm Willi bei der Hand. „Jetzt geht’s hinein ins Vergnügen!“

Als Willi den ersten Fuß ins Wasser stellte, biss er sich auf die Lippe, dass es wehtat. Und dann gingen sie ganz langsam, zentimeterweise tiefer hinein. Bis zum Bauch stand Willi schon im Wasser. Und er wäre vielleicht sogar noch weiter reingegangen.

Aber da ertönte plötzlich eine Hupe aus dem Lautsprecher.

Rudolf Herfurtner

Ein Buch vorstellen Seite 184

Der achtjährige Willi kann viel für sein Alter. Aber schwimmen kann er nicht. Wie er seine Angst vor dem Wasser besiegt und schwimmen lernt, das kannst du nachlesen in **Der wasserdichte Willibald**.

Endlich Ferien

„Am Freitag bekommen wir Ferien.
Da wollen Niklas und ich ins Schwimmbad gehen.
Hast du Lust mitzukommen?“, fragt Lisa.
Jakob zeigt auf die Wetterstation und antwortet:
„Sollten wir das nicht lieber auf Sonntag verschieben?“
Lisa lacht und denkt: „Manchmal ist es praktisch,
wenn man einen großen Bruder hat.“

	Morgens	Mittags	Abends
Freitag	15° Celsius	17° Celsius	14° Celsius
Samstag	19° Celsius	20° Celsius	17° Celsius
Sonntag	20° Celsius	23° Celsius	18° Celsius

Urlaubsfahrt

koffer koffer baby tragen
flaschen taschen kinderwagen
papa mama koffer kinder
autokarte notlichtblinker

früh geweckt gefrühstückt raus
winke winke schlüssel haus
autobahnen autoschlange
kinderplappern laut und lange

schlange kriechen sonne heiß
stinken staub benzin und schweiß
stockung hunger mama brote
papa singt verkehrte note

schlafen schimpfen hupen schwitzen
weiterfahren weitersitzen
müde mitternacht hotel pension
dreißigtausend warten schon

Hans A. Halbey

Mit dem Portfolio arbeiten

Aha

In meinem Portfolio sammle ich Arbeiten, die für mich wertvoll sind. Sie zeigen, was ich schon alles kann.

1

Ich sammle wertvolle Arbeiten.

2

Ich vergleiche die Arbeiten.
Ich überprüfe:

- Was wähle ich aus?
- Warum wähle ich es aus?
- Was habe ich dabei gelernt?

3

Ich zeige anderen mein Portfolio und begründe meine Auswahl.

KV 2–4 | THL Seite 46–47

Das kann ich in meinem Portfolio sammeln:

- Gedichte
- Geschichten
- Steckbriefe
- Urkunden
- Themenhefte
- Informationen zu Projekten
- Bilder
- Fotos
- ...

Hier lese ich der Klasse meine Lieblingsstelle vor.

Ich wähle Arbeiten aus,

- die mir sehr gut gelungen sind.
- die mich viel Anstrengung gekostet haben.
- die zeigen, was ich schon alles kann.
- die mich sehr interessieren und mir gefallen haben.
- die zeigen, wie ich über mich und mein Lernen nachgedacht habe.
- die zeigen, welche Rückmeldungen andere mir gegeben haben.

zum Beispiel:
Seite 9, 10, 13, 15, 16, 22, 24, 26, ...

So macht es Quiesel

Einen Text vorlesen

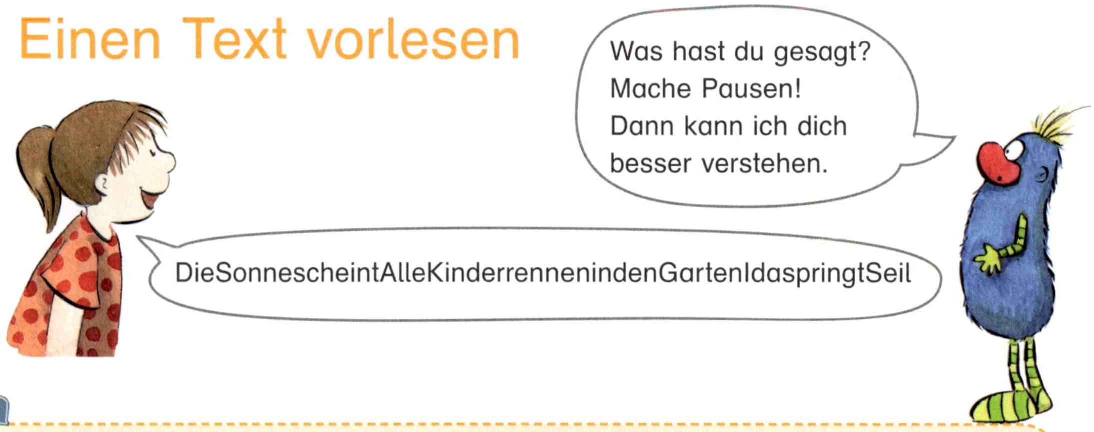

Aha

Wenn ich beim Vorlesen Pausen mache und passende Wörter betone, können die Zuhörer den Text besser verstehen.

1 

Ich lese mir den Text mehrmals halblaut vor.

2 

Ich markiere mit einem Strich | die Stellen, an denen ich eine Pause machen möchte. Ich unterstreiche die Wörter, die ich betonen möchte.

3 

Ich lese den Text laut und prüfe:
- Mache ich genug Pausen?
- Lese ich flüssig vor?
- Passt meine Betonung?

4 

Ich lese den Text vor.

KV 5, 6 | THL Seite 44–45

Zauberhafte Miss Wiss

Schon als die neue Lehrerin ins Klassenzimmer kam,
spürten die Kinder, dass sie etwas Besonderes war.
„Und jetzt, ihr Lieben“, sagte Miss Wiss,
„wollen wir mal sehen, ob ihr das Neuner-Einmaleins
könnt.“
Ein Ächzen und Stöhnen ging durchs Klassenzimmer.
„Und damit ich nicht alles alleine machen muss“,
fuhr Miss Wiss fort,
„habe ich meinen Freund Archimedes mitgebracht.“
Sie fasste in ihre Tasche, holte eine große, weiße Eule
heraus und setzte die Eule oben auf die Tafel.

Terence Blacker

Tipp

Achtung!
Wenn ich in einem Buch arbeite,
muss ich eine Folie über die Seite legen.
Darauf kann ich Pausen und betonte
Wörter mit einem Folienstift markieren.

zum Beispiel:
Seite 14–15: Der erste Schultag
Seite 160: Vom Christkind ...

Einen Text mit verteilten Rollen vorlesen

Aha

Wenn wir einen Text mit verteilten Rollen lesen, können wir ihn lebendiger vortragen.

1

Wir lesen den Text
und schreiben auf,
welche Rollen es gibt.

2

Wir verteilen die Rollen.
Jeder markiert,
was er sprechen muss.

3

Wir üben den Vortrag.
Dabei überprüfen wir,
ob jeder seine Stimme
richtig einsetzt.

4

Wir lesen den Text
gemeinsam vor.

Achtung, Löwen!

„Sind sie wahnsinnig geworden?“
brüllt der Zirkusdirektor
den Tierwärter an.
„Sie haben heute Nacht
den Löwenkäfig offengelassen!“
„Jetzt regen sie sich ab,“
sagt der Tierwärter.
„Wer wird denn schon einen
von diesen wilden Löwen klauen?“

Diese Rollen gibt es.
Wir verteilen sie.

Rolle:	**Sprecher**
Erzählerin:	Hannah
Zirkusdirektor:	Selina
Tierwärter:	Paul

Tipp

Achtung!
Wenn ich in einem Buch arbeite,
muss ich eine Folie über die Seite legen.
Darauf kann ich meine Rolle
mit einem Folienstift markieren.

zum Beispiel:
Seite 16: Sofie will nicht fragen
Seite 90–91: Wilbur und Charlotte ...

Zu einem Text schreiben

Aha

Wenn ich Texte lese, kann ich Wörter oder Ideen daraus sammeln.
Diese helfen mir, eigene Texte zu schreiben.

Ich lese den Text.

Ich lese den Text und schreibe auf:

- wichtige Wörter aus dem Text,
- meine Gedanken zum Text,
- Ideen für meinen eigenen Text.

Ich schreibe einen eigenen Text.
Ich verwende dafür meine Stichworte, Gedanken oder Ideen.

Ich präsentiere meinen Text.

Der Großvater

Eva ist beim Großvater.
Immer am Mittwoch
nach dem Essen.
Vater und Mutter arbeiten im Laden.
Es ist ein Kleiderladen.
Die Großmutter sitzt an der Kasse.
Auch der Großvater arbeitet,
aber daheim.
Er hütet Eva.
Er liebt diese Arbeit.
Und Eva mag es,
wenn der Großvater
allein ist mit ihr.
Er hat dann Augen
und Ohren nur für sie.

Hans Manz

Meine Stichworte zum Text:
Mittwoch
Eltern arbeiten
Eva allein beim Großvater

Meine Gedanken zum Text:
Eva hat es bestimmt schön bei ihrem Großvater.
Die Eltern und die Großmutter arbeiten
im selben Laden. Das finde ich komisch.
Ich bin gern bei meiner Oma.
Da darf ich Süßigkeiten essen und fernsehen.

Meine Ideen für meinen eigenen Text:
Ich bin jedes zweite Wochenende
bei meiner Oma und meinem Opa.
Die Fahrt dahin ist langweilig.
Aber wenn wir da sind, gehen wir viel in den Wald.
Dort habe ich schon viel erlebt! Einmal habe ich ...

um Beispiel:
eite 64: Das Schwein mit dem Totenkopf
eite 108: Zilly, die Zauberin ...

Vermuten, worum es in einem Text geht

Aha

Wenn ich mir vor dem Lesen Gedanken zur Überschrift und zu den Bildern mache, kann ich den Text besser verstehen.

Ich lese die Überschrift.
Ich schaue die Bilder an.

Ich überlege:
Um was geht es wohl in dem Text?
Was weiß ich über dieses Thema?
Was möchte ich erfahren?

Ich lese den Text.

Ich stelle fest,
ob meine Vermutung
zum Text gepasst hat.

Klare Sicht

Vor hundert Jahren hielten Autofahrer bei Regen und Schnee immer wieder an und stiegen aus. Sie mussten die Windschutzscheiben von außen freiwischen. Die schlechte Sicht war gefährlich und das Aussteigen umständlich und sehr ungemütlich. Das brachte die Amerikanerin Mary Anderson auf eine Idee: Sie erfand den Scheibenwischer. 1903 erhielt sie das Patent auf ihre Erfindung.

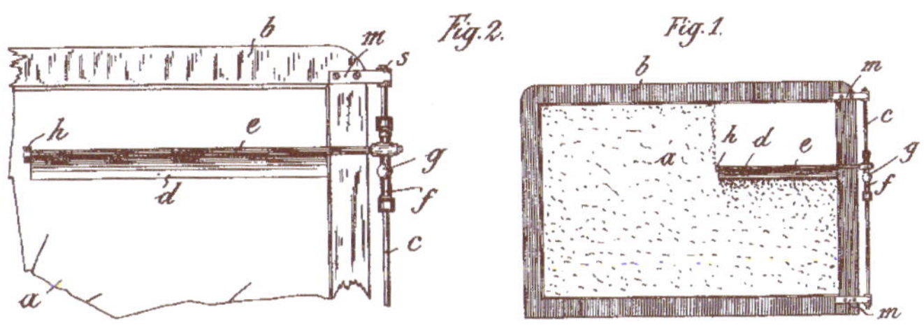

zum Beispiel:
Seite 26: Die durstige Krähe
Seite 96: In den Bäumen wohnen ...

So macht es Quiesel

Mit anderen über einen Text sprechen

Aha

Wenn ich mit anderen über einen Text spreche,
kann ich mit ihnen Gedanken und Meinungen austauschen.
So können wir auch Fragen klären.

1 Ich suche Kinder, die den Text auch gelesen haben. Mit ihnen bilde ich eine Gruppe.

2 Wir suchen uns einen ruhigen Ort. Jeder hat den Text dabei.

3 Jeder sagt etwas zum Text. Wir hören den anderen zu und lassen einander ausreden.

4 Jeder kann eine Bemerkung aus der Lesekonferenz aufschreiben, die ihm besonders wichtig ist. Die Zettel werden gesammelt.

Leo zittert

Mia sitzt erschrocken im Bett.
Ein lautes Krachen hat sie geweckt.
Ein Gewitter tobt draußen.
Und Mama und Papa sind nicht zu Hause!
Da geht ihre Tür auf. Leo kommt herein.
„Hast du Angst?“, fragt er.
Mia nickt. Das sieht Leo nicht.
Er setzt sich auf Mias Bett. Er zittert.
„Hast du Angst?“, fragt Mia erstaunt.
„Ach was“, sagt Leo.

Anne Steinwart

Das haben die Kinder der Klasse 2b nach ihrer Lesekonferenz aufgeschrieben:

Ich habe auch Angst vor Gewittern.

Leo hat genauso viel Angst wie seine Schwester, aber er gibt das nicht zu.

Ich finde es toll, dass die Kinder allein zu Hause sind. Meine Eltern können uns ruhig auch mal allein lassen.

Die Geschichte ist langweilig. Vor Gewittern braucht man sich nicht fürchten, wenn man im Haus ist.

Ich finde, die Überschrift passt nicht zu der Geschichte.

um Beispiel:
eite 68–69: Florian sagt: „Nein!“
eite 140: Der kleine Herr Paul ...

So macht es Quiesel

Einen Text in Bildern darstellen

Aha

Wenn ich Bilder zu einem Text male,
kann ich mir besser vorstellen, worum es in dem Text geht.

Ich lese den Text.
Ich überlege, um was es
in jedem Abschnitt geht.

Ich male zu jedem Abschnitt ein Bild.
Damit ich die Reihenfolge
nicht verwechsle,
nummeriere ich die Bilder.

Ich zeige anderen meine Bilder
und erzähle dazu.

Wir lesen den Text gemeinsam.
Wir tauschen uns darüber aus,
was sich jeder dabei gedacht hat.

Das Pfefferessen

Tante Mila lud alle Leute aus dem Haus
zum Essen ein.
Dazu Herrn Samsohl
und noch zwei alte Schulfreundinnen.
Tante Mila hatte nur große Töpfe und Pfannen,
und Kochen war für sie ein Vergnügen.

Pfeffer war Tante Milas Lieblingsgewürz.
Darum gab es erst eine Pfeffersuppe,
dann Pfefferschnitzel mit Paprikasalat
und gepfefferte Bratkartoffeln.

Bald schnieften und husteten sie alle,
nur Mila nicht.
„Schmeckt es euch?“, fragte sie.
„O ja, sehr gut“, sagten alle
und wischten sich den Schweiß vom Gesicht.
Sie hatten Mila gern
und wollten nicht sagen,
dass alles viel zu scharf war.

Ursula Wölfel

Mathilda (7 Jahre)

zum Beispiel:
Seite 52–53: Die Nachtwanderung
Seite 124–125: Fred und die Bücherkiste ...

So macht es Quiesel

Ein Buch vorstellen

Aha

Wenn ich ein Buch vorstelle, bekommen andere vielleicht Lust, es auch zu lesen.

Ich schreibe den Titel und den Autor auf ein Plakat und gestalte es.

Ich schreibe auf:
Wer spielt mit?
Was passiert wann und wo?

Ich suche meine Lieblingsstelle aus und übe das Vorlesen.

Ich lade zum Zuhören ein.
Ich stelle das Buch vor. Ich erzähle, warum mir das Buch gefällt.
Ich lese meine Lieblingsstelle vor.

Titel: Oh, wie schön ist Panama

Autor: Janosch

Wer? Der kleine Bär mit Hut und der kleine Tiger mit Tigerente

Wo? Sie leben in einem kleinen Häuschen am Fluss.

Was passiert? Eines Tages kommt eine Kiste auf dem Fluss angeschwommen.
Auf der steht PANAMA.
Dahin machen sich Bär und Tiger auf den Weg.

Meine Lieblingsstelle: Seite 23

Mir gefällt das Buch, weil sie unterwegs so viel erleben und das Land ihrer Träume suchen.

Besonders gefällt mir: Sie merken gar nicht, dass sie im Kreis gegangen sind.
Das Land ihrer Träume ist ihr altes Häuschen.

zum Beispiel:
Seite 43–45: Wo die wilden Kerle wohnen
Seite 166–167: Der wasserdichte Willibald ...

Einen Text mit Geräuschen begleiten

Aha

Wenn wir einen Text vorlesen und ihn mit Geräuschen begleiten, wird unser Vortrag lebendiger.

1

Wir lesen den Text und markieren Stellen, zu denen Geräusche passen.

2

Wir überlegen, wie wir passende Geräusche machen können.

3

Wir entscheiden, wer den Text vorliest. Wir schreiben die Geräusche auf. Wir legen fest, wer an welcher Stelle an der Reihe ist.

4

Wir üben für den Vortrag und tragen den Text dann mit Geräuschen vor.

KV 15, 16

Der Novembersturm

Die Katze guckt zum Fenster raus.
Der Wind bläst Blätter um das Haus.
Er jagt die Dohlen um den Turm:
ein richtiger Novembersturm.

Die Wetterfahne quietscht und dreht.
Kein Mensch mehr auf die Straße geht.
Die Äste fallen auf den Weg.
Das Wasser kräuselt sich am Steg.

Es heult und pfeift, die Wolke streift
die Spitze unsrer Tanne.
Ich geh ins Bad und lasse jetzt
das Wasser in die Wanne.

Jutta Richter

Anna und Felix:
Windgeräusche mit dem Mund
Murat und Rahel:
mit Papierblättern wedeln

Anna und Felix:
mit Kreide über die Tafel kratzen
Murat und Rahel:
Klanghölzer schlagen
Paul:
Hände in Wasserschüssel bewegen

Alle:
mit dem Mund laut pfeifen und heulen
Anna:
Schrittgeräusche mit den Füßen
Paul:
Wasser in eine Schüssel gießen

Wir brauchen:
Vorleserin: Jonna
Geräuschemacher: Anna, Felix, Murat, Rahel und Paul
Gegenstände und Instrumente: Papierblätter, Kreide, Tafel, Klanghölzer, Schüssel, Wasser

zum Beispiel:
Seite 22: Horst Hofmanns Hunde
Seite 112: Die Trolle ...

Ein Gedicht auswendig vortragen

Aha

Wenn ich ein Gedicht auswendig lerne,
kann ich es frei und sicher vortragen.

1

Ich lese das Gedicht mehrmals durch.

2

Ich überlege:
Was geschieht in dem Gedicht?
Welche Bilder stelle ich mir dazu vor?
Welche Bewegungen passen dazu?

3

Ich lese das Gedicht laut und mache meine Bewegungen dazu, bis ich das Gedicht auswendig kann.

4

Ich trage das Gedicht anderen auswendig vor.

Bunt sind schon die Wälder

Bunt sind schon die Wälder,
gelb die Stoppelfelder
und der Herbst beginnt.

Rote Blätter fallen,
graue Nebel wallen,
kühler weht der Wind.

Johann Gaudenz von Salis-Seewis

Tipp

Es kann dir auch helfen, wenn du das Gedicht abschreibst.

zum Beispiel:
Seite 88: Silberne Laternchen
Seite 164: Der Frühling ...

Abc der Fachwörter

Wörter, zu denen es einen eigenen Eintrag gibt, sind **fett** gedruckt.

Abschnitt

Texte kann man leichter verstehen, wenn man sie in Abschnitte einteilt.
Ein Abschnitt enthält mehrere Sätze (siehe Seite 14).
In deinem Lesebuch trennen leere **Zeilen** verschiedene Abschnitte.

Autorin / Autor

Autorinnen und Autoren denken sich Texte aus und schreiben sie auf.
In deinem Lesebuch steht der Name der Autorin oder des Autors unter dem Text.
Mehr Informationen zu einigen Autorinnen und Autoren findest du im Autoren-Lexikon (siehe Seite 194 bis 197).

Bildergeschichte

In einer Bildergeschichte wird eine Geschichte in Bildern erzählt.
In Denkblasen oder Sprechblasen steht dann oft, was die Figuren denken oder sagen (siehe Seite 40).
Ein anderer Name für eine Bildergeschichte ist *Comic*.
Eine Bildergeschichte kann auch nur aus Bildern bestehen (siehe Seite 150 bis 151).

Dialog

Ein Dialog ist ein Gespräch zwischen mindestens zwei Personen.
Er kann gesprochen oder aufgeschrieben sein.
Ist der Dialog aufgeschrieben, muss man herausfinden, wer etwas sagt (siehe Seite 17). Oft stehen die Namen der Sprecher auch vor dem Text (siehe Seite 136).

Erzähltext

Ein Erzähltext kann eine Geschichte sein, die wirklich geschehen ist. Sie kann aber auch frei erfunden sein. In deinem Lesebuch findest du viele Erzähltexte (siehe Seite 14 bis 15).

Gedicht

Ein Gedicht hat oft **Reim**wörter am Ende des Verses (siehe Seite 21).
Es gibt jedoch auch Gedichte ohne Reimwörter (siehe Seite 42).
Die meisten Gedichte haben mehrere **Strophen** (siehe Seite 76).
Es gibt aber auch Gedichte mit nur einer Strophe (siehe Seite 164).

Hörbuch

In einem Hörbuch lesen Sprecher etwas vor. Das können mehrere kurze oder ein langer Text sein. Manchmal gestalten Vorleser den Text mit ihrer Stimme. Oft werden die Texte von Musik oder Geräuschen begleitet. Auch zu deinem Lesebuch gibt es eine *Hörbuch-CD*.

Illustratorin / Illustrator

Illustratorinnen und Illustratoren gestalten Bilder zu Texten.
Die Bilder können den Inhalt der Texte darstellen oder weitererzählen.

Inhaltsverzeichnis

Das Inhaltsverzeichnis steht oft auf den ersten Seiten oder auf den letzten Seiten eines Buches. Hier erfährt man schnell, was auf welcher Seite steht. Ein kurzes Inhaltsverzeichnis zu deinem Lesebuch steht auf den Seiten 2 und 3.
Auf den Seiten 204 bis 207 findest du ein ausführliches Inhaltsverzeichnis.

Kapitel

Bücher oder lange Texte können durch Kapitel in kleinere Teile gegliedert werden.
Oft hat ein Kapitel eine eigene Überschrift oder eine Nummerierung.
Im **Inhaltsverzeichnis** deines Lesebuchs stehen die Überschriften aller Kapitel.
Das erste große Kapitel in deinem Lesebuch hat die Überschrift *In der Schule*.

Reim

Reimwörter klingen ähnlich:
Hund – bunt, Mai – Ei, lachen – machen, …
Reime kommen vor allem in **Gedichten** vor.
Reime stehen am Ende der **Verse** (siehe Seite 21).

Sachtext

Ein Sachtext informiert über ein bestimmtes Thema.
Oft geht es darum, eine Sache zu erklären (siehe Seite 143).
Es kann aber auch ein Text sein, der seine Leser zu einer Tätigkeit anleitet (*Rezepte* siehe Seite 23 oder *Bastelanleitungen* siehe Seite 111).

Strophe

Eine Strophe ist ein **Abschnitt** in einem **Gedicht** oder Lied.
Strophen bestehen aus mindestens zwei **Versen**.
Alle Strophen zusammen ergeben ein Gedicht.
Es gibt auch Gedichte, die nur eine Strophe haben.

Verlag

Ein Verlag ist eine Firma, die Bücher, **Hörbücher**, Zeitschriften oder Zeitungen herstellt. Dein Lesebuch wurde in einem Schulbuchverlag hergestellt. Es gibt Verlage, die nur Kinderbücher oder nur Sachbücher entwickeln.

Vers

Ein Vers ist die **Zeile** in einem **Gedicht**. Man nennt den Vers auch Verszeile. Am Ende eines Verses steht oft ein **Reim**wort.

Zeile

Eine Zeile ist eine Reihe von Wörtern, die in einem Text nebeneinander stehen. In einem **Gedicht** nennt man das **Vers**. Mit einem Zeilenzähler nummeriert man die einzelnen Zeilen (5, 10, 15 ...). Damit kann man sich in einem Text besser zurechtfinden.

Martin Baltscheit

Martin Baltscheit wurde 1965 in Düsseldorf geboren. Er ist Autor und Illustrator von Bilderbüchern und Kinderbüchern. Außerdem schreibt er Gedichte, Hörspiele und Theaterstücke.
Auf der Hör-CD zu diesem Lesebuch kannst du ihn auch als Sprecher hören.
Oft arbeitet er übrigens mit Zoran Drvenkar zusammen. Für seine Arbeiten hat er bereits viele Preise bekommen.

Dies sind einige Bücher von ihm:
Die Geschichte vom Löwen, der nicht schreiben konnte,
Keine Kuscheltiere für Johanna,
Das Gold des Hasen.

Nadia Budde

Nadia Budde wurde 1967 geboren und lebt heute mit ihrer Familie in Berlin.
Sie studierte Kunst in Deutschland und England.
1999 erschien ihr erstes Buch *Eins, zwei, drei, Tier*. Seitdem hat sie viele Bilderbücher und Kinderbücher veröffentlicht. Ideen für neue Bücher holt sie sich am liebsten beim Joggen.
Mehr über die Autorin und Illustratorin erfährst du auf ihrer Homepage: *www.nadiabudde.de*.

Dies sind einige Bücher von Nadia Budde:
Und außerdem sind Borsten schön,
Unheimliche Begegnungen auf Quittenquart,
Trauriger Tiger toastet Tomaten.

Julia Donaldson

Die Engländerin wurde 1948 geboren. Heute lebt sie mit ihrem Sohn, ihrem Mann und ihrer schwarzen Katze in Schottland. Julia Donaldson wusste schon als kleines Kind, dass sie gern Dichterin werden wollte. Zuvor arbeitete sie als Schauspielerin, Verlegerin und Lehrerin. 1993 erschien ihr erstes Buch. Bis heute hat sie mehr als 160 Bücher geschrieben. Für *Der Grüffelo* bekam sie viele Preise. Das Buch wurde auch verfilmt. Wenn du mehr über sie wissen willst, besuche ihre Homepage: *www.juliadonaldson.co.uk.*

Dies sind einige Bücher von ihr: *Superwurm, Flunkerfisch*, *Wo ist Mami?, Das Grüffelo-Kind*.

Zoran Drvenkar

Zoran Drvenkar wurde 1967 in Kroatien geboren. Als er drei Jahre alt war, zog seine Familie nach Berlin. Über seine Zeit als Jugendlicher schreibt Zoran Drvenkar: „Es gab nur drei Dinge, die ich gut konnte: Bücher lesen, Musik hören und Filme schauen." Schließlich wurde er Schriftsteller. 1989 erschien sein erstes Buch. Mittlerweile lebt er in der Nähe von Berlin in einer ehemaligen Kornmühle. Mehr Informationen findest du auf seiner Homepage: *www.drvenkar.de.*

Dies sind einige seiner Bücher:
Der einzige Vogel, der die Kälte nicht fürchtet,
Zarah – Du hast doch keine Angst, oder?, *Du schon wieder.*

Cornelia Funke

Cornelia Funke wurde 1958 in einer kleinen Stadt in Nordrhein-Westfalen geboren. Vor ein paar Jahren zog sie mit ihren Kindern nach Los Angeles. Ihre Arbeit an Büchern begann als Illustratorin, weil sie sehr gern zeichnete. Als sie entdeckte, dass sie doch lieber Geschichten erzählt, machte sie das zu ihrem Beruf. Beim Schreiben hört sie gern klassische Musik. Mehr spannende und interessante Informationen findest du auf ihrer Homepage: *www.corneliafunke.de*.

Dies sind einige ihrer Bücher:
Krötengift und Hexenspucke, Das verzauberte Klassenzimmer, Prinzessin Isabella.

Saskia Hula

Die Autorin aus Österreich wurde 1966 geboren. Sie lebt mit ihrer Tochter und ihrem Sohn in Wien. Im Sommer fährt sie oft mit ihrer Familie aufs Land. Saskia Hula mag gern Märchen, Schokolade und Buchhandlungen. Was sie nicht leiden kann, sind schlechtes Wetter und Aufstehen im Dunkeln. Ihr liebstes Kinderbuch ist übrigens „Ronja Räubertochter“ von Astrid Lindgren. Was es sonst noch über sie zu wissen gibt, kannst du hier nachlesen: *www.saskia-hula.at*.

Dies sind einige Bücher, die sie geschrieben hat:
Anton, der kleine Pirat, *Selma erlebt ihr blaues Wunder*, *Der Lesemuffel.*

Paul Maar

Paul Maar wurde 1937 geboren.
In der Gastwirtschaft seines Opas erzählte er den Gästen oft Geschichten. Sein Opa riet ihm, seine Geschichten aufzuschreiben. Inzwischen wurden sie in viele verschiedene Sprachen übersetzt. Oft malt er auch die Bilder in seinen Büchern. Zu seinen berühmtesten Figuren gehört das Sams. Die Sams-Bücher wurden übrigens verfilmt.

Dies sind einige Bücher von Paul Maar:
Eine Woche voller Samstage, Jakob und der große Junge, In einem tiefen, dunklen Wald.

Bart Moeyaert

Der belgische Autor wurde 1964 geboren. Seine Eltern hatten bereits sechs Söhne. Bart Moeyaert wurde der siebte und letzte Sohn. Bereits in der Schulzeit schrieb Bart Moeyaert sein erstes Buch. Es erschien 1983. Er schreibt nicht nur Romane für Kinder und Jugendliche, sondern auch Gedichte, Theaterstücke und Lieder. Zusammen mit seinem Mann lebt und arbeitet er in Antwerpen in Belgien. Mehr über Bart Moeyaert kannst du in diesem Buch auf Seite 130 und auf seiner Homepage nachlesen: *www.bartmoeyaert.com*.

Dies sind einige seiner Bücher:
Am Anfang, Wer ist hier der Chef?, Du bist da, du bist fort.

Stichwortverzeichnis

Verzeichnis der Textarten

Texte für besondere Leseübungen

Texte zum Hören

Lesetipps

Quellennachweis

Anders, Günther: *Der Löwe* (bearb.), aus: Irmgard Harrer (Hg.): Das Fabelbuch von Aesop bis heute, Annette Betz Verlag im Verlag Carl Ueberreuther, Wien und München 2003. (S. 31)

Anger-Schmidt, Gerda: *Rätsel*, aus: Sei nicht sauer, meine Süße!, Patmos Verlag, Düsseldorf 2009. (S. 72)

Baltscheit, Martin: *Der Neue* (bearb.), alibaba Verlag, Frankfurt/Main 1998. (S. 100/101)

Baltscheit, Martin: *Der kleine Herr Paul* (Originaltitel: Der kleine Herr Paul stellt sich vor; gek.), Bloomsbury Verlag, Berlin 2008. (S. 140)

Bansch, Helga: *Ein schräger Vogel* (bearb.), Beltz & Gelberg Verlag, Weinheim und Basel 2007. (S. 146/147)

Blacker, Terence: Zauberhafte Miss Wiss (gek.), aus dem Englischen von Anu Stohner, Beltz und Gelberg Verlag, Weinheim und Basel 2006. (S. 173)

Blaich, Hans-Erich: *Silberne Laternchen*, von: http://www.primolo.de/ archiv/ahle3/hp_innen.htm, 05.03.2013. (S. 88)

Boddin, Heidrun: *Die Käferparty* (Originaltitel: Knaps der Käfer & die Käferparty; bearb.), Aufbau Verlag, Berlin 2002. (S. 92/93)

Borchers, Elisabeth: *Vom Frühling zum Winter* (Originaltitel: Reise mit Samuel, gek.), aus: Hans-Joachim Gelberg (Hg.): Kinderland Zauberland, Paulus Verlag, Recklinghausen 1967. (S. 149)

Bröger, Achim: *Florian sagt: „Nein!“* (Originaltitel: Florian will keinen Kuss; gek.), aus: Florian passt auf sich auf. Geschichten vom Neinsagen und Selbstbestimmen, Arena Verlag, Würzburg 2007. (S. 68/69)

Buck, Siegfried: *Gespenster basteln*, aus: Bausteine Lesebuch 2, Bildungshaus Schulbuchverlage, Braunschweig 2003. (S. 111)

Budde, Nadia: *Flosse, Fell und Federbett* (gek.), Peter Hammer Verlag, Wuppertal 2004. (S. 27)

Bull, Bruno Horst: *Vogelabschied*, aus: Max Kruse (Hg.): Die schönsten Kindergedichte, Aufbau Verlag, Berlin 2003. (S. 154)

Donaldson, Julia: *Der Grüffelo* (bearb.), übersetzt von Monika Osberghaus, Beltz & Gelberg Verlag, Weinheim und Basel 2011. (S. 118/119)

Drvenkar, Zoran: *Paula* (Originaltitel: Paula und die Leichtigkeit des Seins; gek.), Bloomsbury Verlag, Berlin 2007. (S. 78/79)

Ende, Michael: *Die Trolle*, aus: Gudrun Schury (Hg.): Ein Pudel spricht zur Nudel, Aufbau Verlag, Berlin 2010. (S. 112)

Endres, Brigitte: *Eine ungewöhnliche Entdeckung* (Originaltitel: Paul und der fabelhafte Herr Plümo, gek.), Tulipan Verlag, Berlin 2010. (S. 58/59)

Erlbruch, Wolf: *Die große Frage* (gek.), Peter Hammer Verlag, Wuppertal 2004. (S. 136)

Frank, Karlhans: *Kassler Klein-Koch-Kunst*, aus: Gudrun Schury (Hg.): Ein Pudel spricht zur Nudel, Aufbau Verlag, Berlin 2010. (S. 70)

Frank, Sybille: *Brillen für jeden Zweck* (bearb.), aus: Felix E. Emminger (Hg.): Bausteine Lesebuch Bayern 3, Bildungshaus Schulbuchverlage, Braunschweig 2008. (S. 74/75)

Fröhlich, Roswitha: *Achtung! Spukzeit!*, aus: Caspars Traumbuch, Carlsen Verlag, Hamburg 1997. (S. 110)

Funke, Cornelia: *Das Schwein mit dem Totenkopf* (bearb.); *Das Piratenschwein* (bearb.), aus: Das Piratenschwein, Cecilie Dressler Verlag, Hamburg 1998. (S. 64, 65)

Funke, Cornelia: *Das Monster vom blauen Planeten* (gek.), Fischer Schatzinsel Verlag, Frankfurt/Main 2008. (S. 116/117)

Gaarder, Jostein: *Kleine Fragen?* (Originaltitel: Fragen fragen; gek.), übersetzt von Gabriele Haefs, Hanser Verlag, München 2012. (S. 137)

Glatz, Helmut: *Weil ich bin*, aus: Hans-Joachim Gelberg (Hg.): Der fliegende Robert, Beltz & Gelberg Verlag, Weinheim und Basel 1991. (S. 67)

Godard, Delphine und Weil, Nathalie: *Fieber haben* (bearb.), aus: Hatschi, Pups und Aua, übersetzt von Elsbeth Ranke, Klett Kinderbuch Verlag, Leipzig 2011. (S. 77)

Grosche, Erwin: *Mareike und die Superkräfte* (bearb.), aus: Achtung, Wutüberfall!, Gabriel Verlag, Stuttgart/Wien 2007. (S. 18/19)

Haberkorn, Hedwig: *Schneeflöckchen, Weißröckchen*, aus: Das große Conni-Weihnachtsbuch, Carlsen Verlag, Hamburg 2012. (S. 155)

Halbey, Hans Adolf: *Urlaubsfahrt* (bearb.), aus: Hans-Joachim Gelberg (Hg.): Menschengeschichten, Beltz & Gelberg Verlag, Weinheim und Basel 1975. (S. 169)

Härtling, Peter: *Sofie will nicht fragen* (gek.), aus: Sofie macht Geschichten, Beltz & Gelberg Verlag, Weinheim und Basel 1987. (S. 16)

Heidelbach, Nikolaus: *Ein Buch für Bruno* (gek.), Beltz & Gelberg Verlag, Weinheim und Basel 1997. (S. 132/133)

Hein, Jakob und Krömer, Kurt: *Gute Nacht, Carola* (gek.), Carlsen Verlag, Hamburg 2010. (S. 144/145)

Herfurtner, Rudolf: *Willi im Schwimmbad* (Originaltitel: Der wasserdichte Willibald; bearb.), Deutscher Taschenbuchverlag Junior, München 2011. (S. 166/167)

Hoose, Phillip und Hannah: *He, kleine Ameise!* (gek.), übersetzt von Nureeni Träbing, Baumhaus Verlag, Leipzig und Frankfurt am Main 2003. (S. 138/139)

Hula, Saskia: *Die beste Bande der Welt* (gek.), Residenz Verlag, St. Pölten/Salzburg/Wien 2012. (S. 48/49)

Jandl, Ernst: *fünfter sein*, Beltz & Gelberg Verlag, Weinheim und Basel 2009. (S. 76)

Jandl, Ernst: *auf dem land* (gek.), aus: Laut und Luise, Luchterhand Literaturverlag, München 2002. (S. 87)

Janisch, Heinz: *Her mit den Prinzen!* (gek.), Annette Betz Verlag, München und Wien 2002. (S. 114/115)

Kaléko, Mascha: *Der Frühling*, aus dem Zyklus Die vier Jahreszeiten, aus: Die paar leuchtenden Jahre, Deutscher Taschenbuch-Verlag, München 2003. (S. 164)

Könnecke, Ole: *Fred und die Bücherkiste* (gek.), Carlsen Verlag, Hamburg 2002. (S. 124/125)

Könnecke, Ole: *Anton und das Weihnachtsgeschenk* (gek.), Hanser Verlag, München 2008. (S. 158/159)

Könner, Alfred: *Das leise Gedicht*, aus: Christa Holtei (Hg.): Abc-Suppe und Wortsalat. Geschichten, Spiele und Gedichte rund um die Sprache, Patmos Verlag, Düsseldorf 2006. (S. 81)

Krenzer, Rolf: *Die durstige Krähe* (bearb.), aus: Schlau wie der Fuchs, Hirschgraben Verlag, Frankfurt/Main 1984. (S. 26)

Kromhout, Rindert: *Die Schachtel im Garten* (Originaltitel: Die geheimnisvolle Schachtel; gek.), übersetzt von Daniel Löcker, Picus Verlag, Wien 2002. (S. 56/57)

Künzler-Behnke, Rosemarie: *Erde*, aus: Hans-Joachim Gelberg (Hg.): Großer Ozean, Beltz & Gelberg Verlag, Weinheim und Basel 2000. (S. 95)

Landa; Norbert: *Das Ostertier* (bearb.), aus: Ilona Einwohlt (Hg.): Frühlingsbär küsst Federvieh. Die schönsten Geschichten, Lieder und Gedichte, Fischer Taschenbuch, Frankfurt/Main 2003. (S. 162/163)

Lobe, Mira: *Der verdrehte Schmetterling*, aus: Christa Holtei (Hg.): Abc-Suppe und Wortsalat. Geschichten, Spiele und Gedichte rund um die Sprache, Patmos Verlag, Düsseldorf 2006. (S. 86)

Luciani, Brigitte: *Die Hempels räumen auf* (gek.), Beltz & Gelberg Verlag, Weinheim und Basel 2006. (S. 38/39)

Lybeck, Sebastian: *Ein großer Tag für Latte Igel* (gek.), übersetzt von Maike Dörries, Thienemann Verlag, Stuttgart und Wien 2012. (S. 82/83)

Maar, Paul: *Bevor die Lehrerin kommt* (Originaltitel: Wie es in der Klasse zugeht, wenn der Lehrer mal kurz raus muss; bearb.), aus: Jaguar und Neinguar, Friedrich Oetinger Verlag, Hamburg 2007. (S. 13)

Maar, Paul: *Horst Hofmanns Hunde*, aus: Dann wird es wohl das Nashorn sein, Beltz & Gelberg Verlag, Weinheim und Basel 1988. (S. 22)

Maar, Paul: *Abendlied*, aus: Jaguar und Neinguar, Friedrich Oetinger Verlag, Hamburg 2007. (S. 42)

Maar, Paul: *Giselher, Friedegund, Zeno, Peter Paul, Rolf*, aus: Kreuz und Rüben, Kraut und quer, Friedrich Oetinger Verlag, Hamburg 2004. (S. 123)

Mahringer, Walter: *April! April!*, aus: Teddy, Esslinger Verlag, Esslingen 1982. (S. 165)

Manz, Hans: Der Großvater, aus: Da kichert der Elefant, Nagel & Kimche Verlag, Zürich 1998. (S. 177)

Mai, Manfred: *Dein Schulweg*, aus: Tausend Wünsche, © Manfred Mai. (S. 8)

Meier, Nicola: *Das Bücherkamel* (Originaltitel: Zwei Mal im Monat kommt das Bücherkamel; bearb.), aus: Frankfurter Rundschau, 19.04.2012. (S. 129)

Metcalf, Robert: *Anders als du*, aus: Duett. Das Liederbuch. Ernst Klett Grundschulverlag GmbH, Leipzig 2004 und Schott Musik International GmbH & Co. KG, Mainz 2004. (S. 105)

Meyer-Dietrich, Inge: *Traumbuch*, aus: Hans-Joachim Gelberg (Hg.): Großer Ozean, Beltz & Gelberg Verlag, Weinheim und Basel 2000. (S. 121)

Moekaars, Stijn: *Bär und Biene* (bearb.), übersetzt von Mirjam Pressler, Carlsen Verlag, Hamburg 1999. (S. 32/33)

Moeyaert, Bart: *Der sprechende Baum* (gek.), aus: Mut für drei. Geschichten fürs erste Lesen, übersetzt von Mirjam Pressler, Deutscher Taschenbuch-Verlag Reihe Hanser, München 2010. (S. 131)

Moser, Erwin: *Die Mücke* (gek.), aus: Hans-Joachim Gelberg (Hg.): Wo kommen die Worte her, Beltz & Gelberg Verlag, Weinheim und Basel 2011. (S. 30)

Olten, Manuela: *Wahre Freunde* (bearb.), Bajazzo Verlag, Zürich 2005. (S. 17)

Parvela, Timo: *Der erste Schultag* (Originaltitel: Ella in der zweiten Klasse; gek.), Carl Hanser Verlag, München 2008. (S. 14/15)

Portis, Antoinette: *Das ist kein Karton* (gek.), übersetzt von Saskia Heintz, Hanser Verlag, München und Wien 2007. (S. 141)

Rechlin, Eva: In dieser Minute, © Christian Bartoschek (S. 102/103)

Richter, Jutta: Der Novembersturm (gek.), aus: Der Sommer schmeckt wie Himbeereis, Bertelsmann, München 1990. (S. 187)

Ritter, Anna: *Vom Christkind*, aus: Das große Conni Weihnachtsbuch, Carlsen Verlag, Hamburg 2012. (S. 160)

Salis-Seewis, Johann Gaudenz von: Bunt sind schon die Wälder (Originaltitel: Herbstlied, gek.), aus: Haller und Salis-Seewis (Hg.): Auswahl, Deutsche Nationalliteratur, Bd. 41,2, Berlin o.J. (S. 189)

Schrocke, Kathrin: *Die Nachtwanderung* (bearb.), aus: Die 22 schönsten Abenteuergeschichten für Erstleser, Loewe Verlag, Bindlach 2012. (S. 52/53)

Seidel, Heinrich: *Abends, wenn es dunkel wird*, von: http://www.liederportal.de/martinslieder/abends_wenn_es.php, 27.03.2013. (S. 153)

Sendak, Maurice: *Wo die wilden Kerle wohnen* (bearb.), aus dem Amerikanischen von Claudia Schmölders, Diogenes Verlag AG, Zürich 1967, 2009. (S. 43-45)

Spohn, Jürgen: *Zwischen zwei Buchdeckeln* (bearb.), aus: Hans-Joachim Gelberg (Hg.): Eines Tages, Beltz & Gelberg Verlag, Weinheim und Basel 2002. (S. 122)

Steinwart, Anne: Leo zittert, © Anne Steinwart (S. 181)

Straaß, Veronika: *Höher, schneller, weiter* (Originaltitel: Wer ist der schnellste im ganzen Land; bearb.), aus: Willi wills wissen – Schlaue Tiere, Baumhaus Verlag, Bergisch Gladbach 2009. (S. 25)

Szymanski, Dorothea: *Die Aufweckmaschine* (Originaltitel: Knall, Bum, Peng: Die Fantasiemaschine zu Gast bei GEOlino; bearb.), von: http://www.geo.de/GEOlino/kreativ/4178.html, 05.03.2013. (S. 143)
Thomas, Valerie: *Zilly, die Zauberin* (gek.), übersetzt von Barbara Haupt, Beltz & Gelberg Verlag, Weinheim und Basel 2012. (S. 108)
Tracqui, Valerie: *Von der Raupe zum Schmetterling* (Originaltitel: Der Schmetterling; bearb.), übersetzt von Anne Brauner, Esslinger Verlag, Esslingen 2008. (S. 84/85)
Waechter, Philip: *Ich* (gek.), Beltz & Gelberg Verlag, Weinheim und Basel 2004. (S. 46/47)
Wagerer, Wolfgang: *Nach-Speise*, aus: Gudrun Schury (Hg.): Ein Pudel spricht zur Nudel, Aufbau Verlag, Berlin 2010. (S. 70)
White, Elwyn Brooks: *Wilbur und Charlotte* (gek.), aus dem Amerikanischen von Anna von Cramer-Klett, Diogenes Verlag AG, Zürich 1967, 2000. (S. 90/91)
Wittkamp, Frantz: *Reimreise* (gek.), aus: Hans-Joachim Gelberg (Hg.): Wo kommen die Worte her, Beltz & Gelberg Verlag, Weinheim und Basel 2011. (S. 21)
Wittkamp, Frantz: *Morgen trägt mich der Sommerwind*, aus: Heinz Brand (Hg.): Ach du liebe Zeit!, Lappan Verlag, Oldenburg 2007. (S. 86)
Wittkamp, Frantz: *Das kleine Buch*, aus: Ich glaube, dass du ein Vogel bist, Beltz & Gelberg Verlag, Weinheim und Basel 1987. (S. 122)
Wittkamp, Frantz: *Wir kamen vollkommen ahnungslos*, aus: Ich glaube, dass du ein Vogel bist, Beltz und Gelberg Verlag, Weinheim und Basel 1987. (S. 135)
Wölfel, Ursula: Das Pfefferessen (gek.), aus: Dreißig Geschichten von Tante Mila, Hoch Verlag, Stuttgart und Wien 1977. (S. 183)

unbekannte Verfasser

Abzählverse (S. 104)
Blühende Frühlingsboten (bearb.), von: www.hamsterkiste.de (05.03.2013) (S. 161)
Ich – Du – Wir? Stimmt das hier? (S. 41)
Schulwitze (S. 12)
Winterrätsel, aus: Waltraud Singer (Hg.): Sprachspiele für Kinder, Ravensburger Verlag, Ravensburg 1995 (S. 156)
Wir lieben die Stürme (S. 63)

Originalbeiträge

Eberlein, Regina: *Entdeckungsreise* (S. 51), *Ferienplan* (S. 54), *Im Kletterpark* (S. 55), *Dschungeltour* (S. 60/61), *Ein Forscher und Entdecker* (S. 62), *Wer bin ich?* (S. 127), *In der Bücherei* (S. 128), *Regentropfen-Fangen* (S. 152), *Autoren-Lexikon* (194-197)
Ferber, Michelle: *In den Bäumen wohnen* (S. 96), *F-A-N-T-A-S-I-E* (S. 107), *Geniale Einfälle* (S. 142)
Krull, Susan: *Speisekarte mit Dreckfehlern* (S. 71), *Viele Kinder – viele Hobbys* (S. 73), *Naschen in aller Welt* (S. 97)
Messelken, Ingrid: *Es ist Pause* (S. 9), *Auf dem Schulhof* (S. 10), *Wortspiele* (S. 11), *Wir zusammen* (S. 35), *Endlich Ferien* (S. 168), *Abc der Fachwörter* (190-193)
Moeyaert, Bart/Eberlein, Regina: *Interview* (S. 130)

Abbildungsnachweis

6.1 Hundertwasser Archiv, Wien
7 (alle) Hundertwasser Archiv, Wien
19.1 Thienemann Verlag, Stuttgart
(Erwin Grosche: Achtung, Wutüberfall!)
20.1 Artothek, Weilheim
21 (alle) Artothek, Weilheim
23.1 Bettermann, Antje, Wendhausen
24.1 fotolia.com, New York
24.2 fotolia.com, New York
24.3 fotolia.com, New York
24.4 fotolia.com, New York
25.1 fotolia.com, New York
25.2 Corbis, Düsseldorf (Brakefield)
25.3 Shutterstock Images LLC, New York
25.4 Baumhaus Verlag GmbH, Köln
(Willi wills wissen: Schlaue Tiere)
28 (alle) Gruner + Jahr AG & Co KG, Hamburg (GEOmini)
29 (alle) Gruner + Jahr AG & Co KG, Hamburg (GEOmini)
33.1 S. Fischer Verlag GmbH, Frankfurt/Main
(Stijn Moekaars: Kein Tag ohne Bär und Biene)
34.1 The Keith Haring Foundation, New York
36 (alle) Klett Kinderbuch Verlag GmbH, Leipzig
37 (alle) Klett Kinderbuch Verlag GmbH, Leipzig
40.1 Kipka Comic SLU, La Massana
45 (alle) Diogenes Verlag AG, Zürich
(Wo die wilden Kerle wohnen)
46 (alle) Verlagsgruppe Beltz, Weinheim, Basel
47 (alle) Verlagsgruppe Beltz, Weinheim, Basel
49 (alle) Residenz Verlag im NÖ Pressehaus Druck- und Verlagsgesellschaft mbH, St. Pölten
(Saskia Hula: Die beste Bande der Welt)
50.1 Artothek, Weilheim
55.1 Shutterstock Images LLC, New York
55.2 fotolia.com, New York
62.1 akg-images GmbH, Berlin

62.2 fotolia.com, New York
65 (alle) Cecilie Dressler Verlag GmbH, Hamburg (Cornelia Funke: Das Piratenschwein)
66.1 akg-images GmbH, Berlin
67 (alle) akg-images GmbH, Berlin
74.1 wikipedia.org
74.2 fotolia.com, New York
74.3 fotolia.com, New York
74.4 fotolia.com, New York
75.1 fotolia.com, New York
75.2 Shutterstock Images LLC, New York
75.3 fotolia.com, New York
75.4 Visum Foto GmbH, Hamburg
75.5 fotolia.com, New York
77.2 Klett Kinderbuch Verlag GmbH, Leipzig (Hatschi, Pups und Aua!: Das große Buch der Körper sensationen)
80.1 akg-images GmbH, Berlin
81 (alle) akg-images GmbH, Berlin
84.1 OKAPIA KG, Frankfurt am Main (Mike Amphlett/ FLPA/Holt Studios)
84.2 OKAPIA KG, Frankfurt am Main (M. Greff/BIOS)
84.3 OKAPIA KG, Frankfurt am Main (M. Greff/BIOS)
85.1 OKAPIA KG, Frankfurt am Main (M. Greff/BIOS)
85.2 Shutterstock Images LLC, New York
85.3 OKAPIA KG, Frankfurt am Main (NAS/Scott Camazine)
85 (Cover) Esslinger Verlag J. F. Schreiber, Esslingen (Valérie Tracqui: Meine erste Tier–Bibliothek: Der Schmetterling)
87.1 Maar, Paul, Bamberg
88.1 Hahner Verlagsgesellschaft mbH, Aachen-Hahn (Winfried Ulrich: Sprachspiele für junge Leser)
94.1 VG BILD-KUNST r.V., Bonn (Wassily Kandinsky: Gelber Kreis)
96.1 argus Fotoagentur GbR, Hamburg (Hartmut Schwarzbach)
96.2 Melcher, Harald, Gernsbach
97.1 StockFood GmbH, München (David Loftus Limited)
97.3 wikipedia.org (Alice Wiegand)
98.1 laif, Köln
98.2 laif, Köln
99.1 laif, Köln
99.2 Visum Foto GmbH, Hamburg
99.3 laif, Köln
106.1 VG BILD-KUNST r.V., Bonn
109.1 Verlagsgruppe Beltz, Weinheim, Basel
109.2 Verlagsgruppe Beltz, Weinheim, Basel
109.3 KinderundJugendmedien.de, Bremen
109.4 Cinetext Bildarchiv, Frankfurt am Main
117.2 S. Fischer Verlag GmbH, Frankfurt/Main
120.1 Carl Hanser Verlag, München (Quint Buchholz: Eines Morgens im November)
121 (beide) Carl Hanser Verlag, München (Quint Buchholz: Eines Morgens im November)
127.1 Thienemann Verlag, Stuttgart (Otfried Preußler: Räuber Hotzenplotz)
127.2 Verlag Friedrich Oetinger GmbH, Hamburg (Paul Maar: Eine Woche voller Samstage)
127.3 Verlag Friedrich Oetinger GmbH, Hamburg (Christine Nöstlinger: Geschichten vom Franz)
127.4 Verlag Friedrich Oetinger GmbH, Hamburg (Astrid Lindgren: Pippi Langstrumpf)
129.1 Reuters, Berlin
129.2 imagetrust, Koblenz (Maria Irl)
130.1 laif, Köln (Isolde Ohlbaum)
131.2 Deutscher Taschenbuch Verlag GmbH & Co. KG, München (Bart Moeyaert: Mut für Drei, Reihe Hanser. Geschichten fürs erste Lesen)
133.2 Beltz & Gelberg in der Verlagsgruppe Beltz, Weinheim, Basel, Weinheim (Nikolaus Heidelbach: Ein Buch für Bruno)
134.1 akg-images GmbH, Berlin (De Agostini Pict Lib)
135 (beide) akg-images GmbH, Berlin (De Agostini Pict Lib)
137.1 Carl Hanser Verlag, München (Jostein Gaarder: Fragen fragen)
141 (alle) Carl Hanser Verlag, München
143.1 Fraunhofer-Institut für Fabrikbetrieb und -automatisierung IFF, Magdeburg
144.1 Carlsen Verlag GmbH, München (Gute Nacht Carola)
145 (beide) Carlsen Verlag GmbH, München (Jakob Hein/Kurt Krömer: Gute Nacht, Carola)
148.1 Artothek, Weilheim
149.1 fotolia.com, New York (Joachim Opelka)
149.2 fotolia.com, New York (Wolfgang Kruck)
149.3 fotolia.com, New York (Raymond Thill - Fotolia)
150 (alle) Peter Schössow, Hamburg
151 (alle) Peter Schössow, Hamburg
167.2 Deutscher Taschenbuch Verlag GmbH & Co. KG, München
171.1 Eberlein, Regina
194.1 Picture-Alliance GmbH, Frankfurt/Main
194.2 Zahnleiter, Helmut, Waldbronn
195.1 Corbis, Düsseldorf
195.2 Bernburg, Corinna
196.1 laif, Köln
196.2 GRAFIK & ILLUSTRATION & ANIMATION Moisl, Christian, Wien
197.1 Picture-Alliance GmbH, Frankfurt/Main
197.2 Corbis, Düsseldorf

Inhaltsverzeichnis

Anhang

Erarbeitet von
Regina Eberlein (Wuppertal), Michelle Ferber (Hahnheim),
Susan Krull (Hofheim) und Ingrid Messelken (Bad Münstereifel)

Auf der Grundlage von
BAUSTEINE Lesebuch 2 (Ausgabe 2008)
Erarbeitet von Hannelore Daubert, Michelle Ferber, Susan Krull,
Ingrid Messelken und Regina Sievert

Unter Beratung von
Kordula Belfqih (Krefeld), Ricarda Loreck (Illertissen),
Ann-Katrin Ostermann (Dortmund) und Kerstin Riesberg (Wallenhorst)

Illustriert von
Antje Bohnstedt (So macht es Quiesel), Marion Goedelt (Im Land der Fantasie),
Yvonne Hoppe-Engbring (In der Schule, Ich – Du – Wir), Naeko Ishida
(Große Tiere, kleine Tiere, Durch das Jahr), Julia Patschorke (Der Natur
auf der Spur, Überall auf der Welt, Sehen – Staunen – Denken),
Karoline Rayß (Echt abenteuerlich), Susanne Wechdorn (Von Kopf bis Fuß,
Rund ums Buch) sowie Evelyne Scherber (Kapitelvignetten)

Druck A[1] / Jahr 2014
Alle Drucke der Serie A sind im Unterricht parallel verwendbar.

Redaktion: Eric Fischer, Vanessa Rother
Herstellung: Annette Henko
Umschlaggestaltung: blum design und kommunikation GmbH, Hamburg; Foto: Dirk Schmidt/dsphotos.de
Layout: Annette Forsch, Berlin, Silke Schwarz, Köln und Annette Henko
Satz und technische Umsetzung: Druck- und Medienhaus Sigert GmbH, Braunschweig
Druck und Bindung: westermann druck GmbH, Braunschweig

ISBN 978-3-425-**16201**-0

BAUSTEINE

Passend zum BAUSTEINE Lesebuch gibt es noch weitere Materialien für Schülerinnen und Schüler:

Trainingsheft Lesekompetenz 2	978-3-425-**16202**-7
Hör-CD 2	978-3-425-**16281**-2
Wörterbuch mit Englisch	978-3-425-**16420**-5
Quiesel Handpuppe	978-3-425-**16485**-4

Alle Titel können Sie unter www.grundschulklick.de bestellen.